LISA GADENSTÄTTER
ELISABETH GOLLACKNER

~~SCHLUSS MIT SCHULD~~

UNSERE REISE ZUM HOLOCAUST UND ZURÜCK

Umwelthinweis:

Dieses Buch und der Schutzumschlag wurden auf chlorfrei gebleichtem Papier gedruckt. Die Einschrumpffolie – zum Schutz vor Verschmutzung – ist aus umweltverträglichem und recyclingfähigem PE-Material.

1. Auflage

Umschlaggestaltung: Michi Schwab, UnionWagner, Wien

Coverfoto: Thomas Wunderlich

Porträtfoto von Elisabeth Gollackner: Pamela Rußmann

Porträtfoto von Lisa Gadenstätter: Thomas Ramstorfer

Verlagslogo: © Padhi Frieberger

Druck und Bindung: CPI books GmbH, Leck

ISBN: 978-3902924-90-2

DIE AUTORINNEN

VORWORT

WIR ARBEITEN SCHON SEHR LANGE IM JOURNALISMUS UND HABEN BEI VIELEN SPANNENDEN PROJEKTEN DABEI SEIN DÜRFEN.

Doch das, was nach unserer Dokumentation „Schluss mit Schuld – Was der Holocaust mit mir zu tun hat" geschehen ist, stellt alles andere in den Schatten. Die positiven Briefe, Mails und Glückwünsche haben uns regelrecht überschwemmt, täglich erreichten uns neue Zeilen, herzlich und ehrlich. Von Menschen, die die Doku zufällig mit ihren Kindern gesehen hatten. Von Lehrerinnen und Lehrern, die sich für neue Blickwinkel bedankten. Von Söhnen und Töchtern, deren Eltern selbst im KZ waren. Und von Schülerinnen und Schülern, die zum ersten Mal vom Holocaust gehört hatten.

Wir sind uns im Klaren, dass diese Briefe in erster Linie nicht unsere Arbeit betreffen. Es waren Reaktionen auf die berührenden Lebensgeschichten der drei Zeitzeugen. Auch uns ist es so ergangen: Die Interviews mit Aba Lewit, Esther Bejarano und Jehuda Bacon waren ein prägendes Erlebnis, alle drei sind faszinierende Persönlichkeiten mit viel Weisheit und Humor, und wir werden die Geschichten, die sie mit uns geteilt haben, nicht so schnell vergessen. Dass es uns offenbar geglückt ist, diese Faszination in Form eines Filmes an andere weiterzugeben, freut uns sehr.

Dieses Buch soll ein Geschenk sein an all jene, die dieser Film berührt und bewegt hat. Die Interviews mit den Zeitzeugen sind in voller Länge abgedruckt. In geschriebener Form entwickeln sie nochmal eine ganz andere Wirkung.

Auch einige unserer Rechercheergebnisse haben wir zusammengefasst. Sie bieten einen guten Überblick der Orte, von denen erzählt wird.

In vielen Briefen wurde die schwierige Frage nach Schuld und Verantwortung angesprochen. Indem wir den Produktionsprozess mit all seinen Zweifeln und Hindernissen dokumentieren, hoffen wir, in dieser Hinsicht vielleicht die eine oder andere Antwort liefern zu können.

Und zu guter Letzt ist dieses Buch auch ein Geschenk an all jene, die unseren Film verpasst haben. Denn wir finden, die Geschichten von Aba, Esther und Jehuda dürfen nicht in Vergessenheit geraten.

Lisa Gadenstätter und Elisabeth Gollackner

ELISABETH

PROLOG

WIR STEHEN IM HALBDUNKEL DIESES FENSTERLOSEN RAUMES, ZWEI METER UNTER DER ERDE, STILL, IN DER SPRACHLOSIGKEIT, DIE DER ORT MIT SICH BRINGT

Es ist der Lagerraum, der zwischen der Gaskammer und den Krematorien liegt. Hier wurden nicht nur die Brennmaterialien für die Öfen gelagert, hier wurden auch die Leichen gestapelt, bevor sie in Flammen aufgingen. Auf diesem Boden hier. Vor nicht mal 80 Jahren. Es ist unvorstellbar.

Lisa geht die langen dunkelblauen Tafeln entlang, die zur Erinnerung an die vielen Toten aufgestellt wurden. Über 81.000 Namen reihen sich aneinander, übereinander, Buchstaben wie Leichenberge, ein ganzer Raum voll. Ihre Schritte sind bedächtig, langsam bewegt sie sich auf dem Steg, der durch die Installation führt. Warum ein Steg? Vielleicht, um die alte Bausubstanz nicht weiter zu beschädigen, oder vielleicht, um den Besucherinnen und Besuchern etwas Abstand zu bieten? Ich weiß es nicht, doch ich merke, wie dankbar ich dafür bin, nicht mit meinen eigenen Füßen auf diesem Boden stehen zu müssen.

Martin hockt neben mir. Versunken in den Sucher seiner Kamera, arbeitet er sich akribisch durch den Raum, rückt sein Stativ weiter in die Mitte und wieder zurück. Er verfolgt Lisa bei ihren Beobachtungen.

Die Luft ist kühl und trocken. Im matten Schein der diskreten Lampen flirren Staubpartikel, und mit ihnen flirren die alten Geschichten, verdichten die Atmosphäre, machen das Atmen schwer. Ich schaue in Lisas Gesicht. Ihr Blick sagt das, was auch ich denke:

Das hier ist kein Museum. Das ist ein Friedhof.

Lisa, Martin, ich. Dann noch Bernhard vom Team der Gedenkstätte Mauthausen. Und Flora, die Kameraassistentin. Wir fünf arbeiten schon den ganzen Tag am Gelände, um die Orte zu finden, von denen die Holocaust-Überlebenden gesprochen haben. Die Felder und die Stiegen und die verschachtelten Bunker unter der Erde, aus denen kaum jemand lebend rauskam.

Martin dreht die Kamera, bittet Lisa, ein paar Schritte weiterzugehen, und dann sagt er mit seiner ruhigen, freundlichen Stimme:

„Und jetzt bitte ab in die Gaskammer."

Lisa dreht sich erstaunt um, und alle lachen wir los, lauthals, und doch irgendwie verschämt. Martin blickt in die Runde, schüttelt grinsend den Kopf. So habe er das doch nicht gemeint.

Darf ich lachen? Ich halte mir die Hand vor den Mund, doch das Lachen bleibt und löst meine Schultern. Die Anspannung bricht weg, endlich an diesem Tag. Mit einem Mal sind wir fünf in der Gegenwart, und die Steine rund um uns sind nur Steine, Geschichte ist plötzlich etwas, das vergangen ist, und der Tod kann uns nichts mehr anhaben, ganz im Gegenteil, wir lachen ihm ins Gesicht. Und ich frage mich: Wie hat Erinnerung und Gedenken auszusehen? Wenn ich persönlich keinen Grund zur Trauer habe, wenn die Geschichten aus den Schulbüchern nichts mit meinem Leben zu tun haben, wenn die Jahre vergehen und die Gegenwart mit ihren Hürden und Problemen den Kopf besetzt – warum sollten wir schweigen und trauern? Warum sollten wir an einem Ort wie diesem nicht lachen dürfen?

ELISABETH

EINS

DER NEBEL HÄNGT ÜBER WIEN, GRAU IN GRAU, MIT SCHLIEREN AUS REGEN, SO VERTREIBT ER DEN SOMMER ENDGÜLTIG UND VERSPERRT DIE SICHT AUFS LEICHTE LEBEN.

Ich steh an einem der großen Panoramafenster im Büro. Es ist später Nachmittag an einem kalten Tag im Oktober, und in ein paar Stunden wird es auf unserer Seite der Weltkugel stockdunkel sein. Die Nachrichtenlage trägt auch nicht gerade zur Erhellung bei. Der wasserstoffblonde Wahnsinn eines Donald Trump übertrumpft sich täglich aufs Neue, in Syrien gehören die zerbombten Städte und weinenden Menschen zum täglichen Bild, und in Österreich kämpft eine neugewählte Regierung noch vor ihrer Angelobung mit den braunen Schatten der Vergangenheit. Ich bin müde, und ich habe genug von diesem Tag. Doch ich bin noch nicht ganz fertig für heute.

„Hallo, Lilly." Lisa steht hinter mir. Sie hat gemeint, sie wolle etwas mit mir besprechen – jetzt ist sie hier. Wir setzen uns auf die grüne Couch am Gang, ihre hohen Rückenlehnen bieten etwas Privatsphäre. Lisa hat ein kleines Notizbuch bei sich. Unterm Gummiband, das es zusammenhält, steckt ein gefalteter Zettel. Ich werde neugierig.

Lisa erzählt mir von einem Interview, das sie vor einem halben Jahr geführt hat. Mit Aba Lewit, einem sehr alten jüdischen Mann, der als Jugendlicher im KZ war.

„Wie soll ich ihn dir beschreiben?", sagt sie, „er ist sehr klein und freundlich, und er hat so viel erlebt, das kann man sich gar nicht vorstellen."

In ihren braunen Augen blitzt der Eifer eines Menschen, der Feuer gefangen hat. Ihre Hände halten sich am Notizbuch fest. Ich weiß noch immer nicht, was sie von mir möchte.

„Er ist schon sehr krank", sagt sie. „Und er ist einer der Letzten, die davon erzählen können. Und ich weiß nicht genau, aber …"

Sie zögert, und schön langsam dämmert mir, was sie vorhat. Sie möchte mehr dazu machen.

„Woran denkst du genau?", frag ich sie.

„Vielleicht ein längeres Interview? Oder eine Reportage? Ich würde gern mehr machen, aber ich hab keine Idee, was es sein könnte."

Damit hat sie mich. Ich fühl mich geschmeichelt und geehrt, dass sie damit zu mir kommt. Wir arbeiten so gut wie nie zusammen – sie Moderatorin der aktuellen Nachrichten um 20 und um 24 Uhr, ich die Programmentwicklerin mit „Nine-To-Five-Job". An vielen Tagen sehen wir uns nicht einmal. Trotzdem hat sie bei diesem Projekt an mich gedacht. Und später, irgendwann auf einer unserer vielen Autofahrten, werde ich ihr sagen, dass mich ihr Vorschlag nicht nur gefreut, sondern auch irgendwie gerettet hat. Denn ich hänge in den Seilen, so kurz nach der Karenz, arbeite an einem Projekt, das zu scheitern droht, und bin mir nicht sicher, was ich den ganzen Tag hier eigentlich soll.

Auf der grünen Couch im Oktober also beginnen wir, Ideen zu

spinnen und Fragen aufzuwerfen. Was wäre das Thema? Geht es um die spannende Lebensgeschichte eines einzelnen Menschen? Oder würde diese Geschichte exemplarisch für mehr stehen? Reden wir über den Holocaust? Oder reden wir über die Gegenwart?

Lisa zieht den Zettel aus dem Notizbuch, teilt ihre ersten Gedanken mit mir. Sie ist akribisch in ihrer Arbeit und hat viel recherchiert über Aba Lewit und seine Lebensgeschichte.

„Ich möchte einfach wissen", sagt sie, „was ein Mensch wie Aba unserer Generation mitgeben möchte."

Möchte ich das auch wissen, frag ich mich? Wenn ich ehrlich zu mir selbst bin (und ich bin es in diesem Augenblick nur zu mir, nicht zu Lisa), dann muss ich zugeben: Nein. Von den vielen Themen auf der Welt, mit denen man sich beruflich beschäftigen könnte, hat es der Zweite Weltkrieg noch nicht in meine „Top Ten"-Liste geschafft. Ganz im Gegenteil. Holocaust, das riecht nach den Plastikeinbänden der Geschichtsbücher, nach knallgelbem Textmarker und nach Angstschweiß. Ein Thema, das im Kopf irgendwo ganz hinten verstaut ist, in der Kiste mit der Aufschrift: Muss man wissen. Verstaut und verstaubt, weil auch nicht mehr hervorgeholt. Ja, ich hab Schindlers Liste gesehen. Aber die großen Heldengeschichten im Kino, dreckverschmierte Blockbuster im Schützengraben für die Ehre und fürs Vaterland, haben mich nie interessiert. Und zu Hause war es tabu, über den Zweiten Weltkrieg zu sprechen. Nicht wegen meiner Eltern. Sondern wegen der Großmutter, einer liebevollen, fürsorglichen Frau, die in Rage geriet, wenn das Thema zur Sprache kam. „Wir haben nichts davon gewusst!", zischte sie in einer Mischung aus Wut und Hilflosigkeit. Sie hatte nicht nur ihren Bruder, sondern auch ihre Jugendjahre an den Krieg verloren. Und hatte daraufhin beschlossen, nie mehr darüber zu sprechen. Viel später dann, als die Demenz sie eisern umarmte und die Alpträume wiederkehrten, lief sie nachts durchs Haus und kontrollierte, ob auch alle Türen fest verschlossen waren. Denn „sie sind gekommen", flüsterte sie dann, dieses Gespenst in ihrem weiten, blumigen Nachthemd mit dem ängstlichen Blick. Sie sind gekommen, und sie hat ihre Schwester schreien gehört.

Meine Geschichtsprüfungen hab ich alle geschafft. Und meine Großmutter ist seit einigen Jahren nicht mehr am Leben. Vielleicht ist es an der Zeit, die alte Kiste rauszukramen und einen neuen, erwachsenen Blick darauf zu werfen.

ZWEI

ICH STEHE VON DER GRÜNEN COUCH AUF UND VERABSCHIEDE MICH VON LILLY.

Ich nenne sie bei ihrem Spitznamen, obwohl ich sie nicht ganz so gut kenne. Aber in unserer Redaktion ist aus Elisabeth ganz schnell Lilly geworden. Etwas verunsichert gehe ich zu meinem Platz zurück. Dieses erste Gespräch ist dann doch anders verlaufen, als ich es mir vorgestellt habe. Irgendwie habe ich das Gefühl, dass ich meine Begeisterung nicht so richtig vermitteln konnte.

„Na ja, dann mach doch mal einen Interviewtermin mit ihm aus, und wir überlegen, in welcher Form wir es bringen könnten", sagt Lilly.

Ich verstehe ihre Zurückhaltung. ORFeins braucht, wie jeder Sender, eine klare Ausrichtung. Unsere Zielgruppe sind hauptsächlich jüngere Menschen. Eine Zielgruppe, die hart umkämpft ist. Und natürlich muss man die Frage stellen: Warum sollen sich die für dieses Thema interessieren? Aber sind es nicht genau die Jungen, die hier besonders wichtig sind?

Warum sollen wir uns, also die jüngere Generation, erinnern? Ein Satz, über den Lilly und ich noch sehr viel sprechen werden. Ich setze mich vor meinen Computer, lege mein Notizbuch neben meine Tasche. Den kleinen weißen Zettel habe ich mittlerweile komplett zerknuddelt. Ich bin mit mir unzufrieden. Ich habe diese Idee in meinem Kopf, aber ich kann sie noch nicht ausformulieren. Ich weiß nur, dass ich nochmals ein Interview mit Aba führen möchte, ein langes. Nicht nur acht Minuten in der ZIB24. Ich will, dass die Aussagen dieses Mannes festgehalten werden. Lange werden wir nicht mehr die Möglichkeit haben, mit Menschen zu sprechen, die den Holocaust am eigenen Leib erlebt haben. Ich habe Lilly von meinem letzten Interview mit Aba und den Reaktionen darauf erzählt. Die überwiegende Mehrheit äußerst positiv. Aber es hat auch andere Kommentare gegeben. Für rassistische und hetzerische Kommentare werde ich hier keinen Buchstaben verschwenden. Aber ich möchte jene Kommentare erwähnen, über die man reden kann, über die man reden muss. Zu solchen Gedenkjahren, wie wir es im Jahr 2018 begehen, 80 Jahre Kriegsbeginn, wird nämlich noch öfter als sonst diskutiert:

„Warum müssen wir uns immer wieder erinnern?"

„Lasst's uns doch endlich damit in Ruhe, das ist 80 Jahre her!"

„Eh schlimm, was damals passiert ist, aber wir haben aktuell so viele Krisen und Katastrophen, da brauchen wir nicht auch noch über den Zweiten Weltkrieg und den Holocaust zu sprechen."

Es sind diese Aussagen, die mich interessieren. Sind sie berechtigt? Darf man die Geschichte einfach so abhaken? Das Erlebte der Menschen einfach aus dem Blickfeld streichen?

Ich habe Lilly von Abas Zeit in den Konzentrationslagern erzählt, von dem Unfassbaren, das er erlebt hat.

Lilly hat mir aufmerksam zugehört. Und dann diesen einen Satz zu mir gesagt: „Und wie willst du das in die Jetzt-Zeit holen?"

Eine kleine, kluge Frage, die auf den ersten Blick gar nicht so schwer zu beantworten ist; auf den zweiten allerdings schon. Diese Frage wird bei uns in den nächsten Wochen einen Denkprozess auslösen, der uns Schritt für Schritt näher an den Kern bringt: Was hat der Holocaust eigentlich wirklich noch mit mir, mit uns zu tun?

LISA

DREI

ZEHN MINUTEN. SO LANGE SITZE ICH JETZT SCHON MIT DEM TELEFON IN DER HAND DA.

Ich habe großen Respekt, diese Nummer zu wählen. Eigentlich komisch, telefonieren, nachfragen, recherchieren, das gehört zu meinem Job. Da sollte ich eigentlich keine Hemmungen haben. Doch bei dieser Nummer ist es anders.

Am anderen Ende der Leitung wird ein 96-jähriger Mann abheben. Ein Mann, der, wenn man seine Geschichte hört, eigentlich nicht mehr am Leben sein dürfte. Aber Aba Lewit ist ein Kämpfer. Er hat den Holocaust überlebt, vier Konzentrations- und Arbeitslager musste er überstehen, unter Bedingungen, die wir uns alle nicht vorstellen können. Dieser alte Mann mit seiner Lebensgeschichte hat mich nach meinem ersten Interview vor einem halben Jahr nicht mehr losgelassen. Immer wieder habe ich an Aba gedacht. Und schließlich habe ich Lilly auf der grünen Couch seine Geschichte erzählt.

„Warum interessierst du dich so für dieses Thema?", hat Lilly mich bei diesem ersten Gespräch gefragt. Ja, warum eigentlich, eine gute Frage. Meine Eltern haben da wohl einen sehr großen Anteil. Sie sind sehr interessiert an Geschichte, lieben Dokus jeder Art. Als Kinder sind mein Bruder und ich oft neben Mama und Papa auf der Couch gesessen und haben nicht nur die Zeit im Bild geschaut, sondern auch Dokumentationen. Über den Zweiten Weltkrieg, über Hitler, über den Holocaust. Für mich war als Kind immer unvorstellbar, wie so etwas wie der Holocaust auf der Welt passieren konnte. Diese für mich so unfassbare Katastrophe hat mich nicht mehr losgelassen, ich wollte verstehen. Und konnte es nicht.

In meiner Studienzeit habe ich dann ein Interview mit einem Mann geführt, der während des Zweiten Weltkriegs als Reporter und Kameramann gearbeitet hat. Im vollen Flug hat er bei offener Tür aus dem Flugzeug gefilmt und Berichte erstellt.

Als ich bei Ö3 als Reporterin gearbeitet habe, durfte ich ein Gespräch mit einem Überlebenden des Spiegelgrunds führen. Der Spiegelgrund war eine Anstalt in Wien, in der zwischen 1940 und 1945 Kinder und Jugendliche gequält und systematisch ermordet wurden. „Am Spiegelgrund“ gilt als Synonym für Verbrechen der NS-Medizin.

Und jetzt, als Nachrichten-Moderatorin und Interviewerin im ORF-Fernsehen, möchte ich mit Überlebenden des Holocaust sprechen. Ich möchte ihre Geschichten weitergeben. So definiere ich, für mich, meinen Job. Ich möchte im besten Fall erreichen, dass Menschen am Ende einer Nachrichtensendung oder eines Interviews ein Stückchen mehr informiert sind, etwas Neues erfahren haben und sich eine eigene Meinung bilden können.

Ich schaue auf und sehe Kolleginnen und Kollegen, die über Geschichten sprechen, über mögliche Interviewpartner, über Gestaltungsformen. Mein Telefon liegt noch immer schwer in meiner Hand. Es scheint immer schwerer zu werden. Ich stehe von meinem Platz auf und gehe in einen kleinen Raum. Hier ist es ruhig, hier steht nur ein Computer mit einem speziellen Programm. Damit können wir fertiggestellte Beiträge anschauen. Der zweite Gegenstand im Raum ist ein Kühlschrank. Er brummt leise vor sich hin. Ich lehne mich gegen die Tür und wähle Abas Nummer.

„Hallo!", ruft es am anderen Ende der Leitung in den Hörer. Aba hat eine durchaus feste, herausfordernde Stimme. Ich stelle mich vor und nehme nicht an, dass sich Aba noch an mich erinnern kann. Immerhin war mein letztes Interview ein halbes Jahr her. Ich frage, ob ich störe.

„Nein."

Aba ist ein Mann der klaren Worte. Ich erkläre ihm, dass ich gerne nochmals ein Interview mit ihm führen würde.

„Ja, können wir machen", sagt Aba nach kurzem Zögern.

Er fragt mich, wann ich vorbeikommen möchte. Ich blättere in meinem Kalender.

„Wie wäre es mit dem 22. November", schlage ich vor.

Am anderen Ende der Leitung höre ich Aba atmen und ebenfalls in einem Kalender blättern.

„Ja, der 22. geht", sagt er schließlich.

Wann wir denn vorbeikommen wollen, es geht ab vier Uhr in der Früh.

Ab vier Uhr in der Früh? Ich bin verwirrt und denke zuerst an einen Witz, aber Aba scherzt nicht. Er steht tatsächlich jeden Tag so früh auf, weil er nicht schlafen kann. Später, im Interview, wird er mir erzählen, welche Alpträume ihn seit Jahren nicht schlafen lassen.

Ich schlage neun Uhr vor.

„Das geht", sagt Aba.

Er zögert leicht und hat plötzlich einen spitzbübischen Tonfall in seiner Stimme.

„Aber wir müssen schnell sein, um zehn kommt der Gasmann."

Mir verschlägt es die Sprache. Hat der Holocaust-Überlebende das gerade wirklich gesagt? Noch dazu mit einem kleinen Schmunzeln in der Stimme? Ich schlucke. Ich weiß nicht, wie ich darauf reagieren soll. Bin ich überkorrekt, weil ich es komisch finde, die Wörter „Gasmann“ und „Holocaust“ in einem Atemzug zu nennen? Was darf man, und was darf man nicht? Wie schaut es mit Witzen aus? Ich beschließe, mich auf Abas Humor einzulassen.

„Ach, der Gasmann“, antworte ich, „das macht nichts, das geht eh immer sehr schnell. Wir können dann gerne warten.“

Aba lacht am anderen Ende der Leitung. Ein leises, lustiges, erleichtertes Lachen. Damit steht mein neuerlicher Interview-Termin mit diesem faszinierenden Mann.

VIER

DIE ZEIT VERGEHT, DIE TÄGLICHE NACHRICHTEN-ARBEIT STIEHLT UNS DIE TAGE, UND NACH LISAS ANRUF BEI ABA TRIFFT ES UNS FAST UNERWARTET: DAS ERSTE INTERVIEW STEHT AN.

Bei unserem Treffen auf der Couch war klar, dass wir uns ein Sendungskonzept ausdenken möchten. Keine leichte Aufgabe, und nichts, was man zwischen Tür und Angel schnell nebenbei macht. Jetzt tickt die Uhr. Morgen wird das Gespräch mit Aba Lewit stattfinden, und auch wenn wir noch nicht wissen, wohin uns die Reise führen wird, muss Lisa morgen alles einholen, was für eine Doku vielleicht notwendig werden wird.

Punkt drei Uhr ist ausgemacht, im kleinen Sitzungsraum. Ich krame Stifte und Blöcke zusammen, Lisa kommt beladen mit Laptop und einem Berg Zetteln zum Treffpunkt. Dann schließen wir die Tür. Jetzt werden Nägel mit Köpfen gemacht. Das haben wir zumindest vor.

Ich bewaffne mich mit einem schwarzen Edding, und Lisa beginnt, von ihren Recherchen zu erzählen.

Aba Lewit, lebt in Wien. Inzwischen verwitwet, war mit einer Frau verheiratet, die im KZ Auschwitz gewesen ist. Hat mehrere Konzentrationslager überlebt.

Zweite Möglichkeit: Esther Bejarano. Eine Musikerin und Sängerin, lebt in Hamburg. Hat in Auschwitz im sogenannten „Mädchenorchester“ gespielt. Singt jetzt in einer Band mit ihrem Sohn und einem muslimischen Rapper.

„Was war das Mädchenorchester? Wo haben die gespielt?“

Ich habe davon noch nie gehört.

„Die mussten für die Leute spielen, die auf dem Weg in die Gaskammern waren. Damit sie geglaubt haben, alles sei in Ordnung.“

Dieser Gedanke schockiert mich, er ist abartig und grauenhaft, und es wird nicht das letzte Mal sein, dass mich die mörderische Kreativität der Nazis fassungslos zurücklässt.

Dritte Möglichkeit: Jehuda Bacon. Lebt in Jerusalem. Ist Maler und war einer der „Birkenau Boys“.

„Eine Gruppe von Buben, die in Auschwitz Botendienste erledigen mussten“, erklärt Lisa.

Ich schreibe alle drei Namen an die Tafel, notiere die Orte und die Stichworte. Nur das Interview mit Aba Lewit ist bis jetzt fixiert. Die zwei anderen sind Lisas Wunschkandidaten.

„Vielleicht hat Abas Frau das Mädchenorchester in Auschwitz spielen sehen“, sage ich. Ich suche nach Verbindungen, nach Anknüpfungspunkten der drei Überlebenden. Was ich an der Tafel sehe, gefällt mir sehr: eine Musikerin, ein Maler. Ein Mann, der „eigentlich nicht mehr leben dürfte“, wie Lisa es bezeichnet.

„Das klingt nicht sehr nett“, antworte ich. Die Doppeldeutigkeit des Satzes bringt uns zum Lachen. Der Sog der Arbeit treibt uns voran, alles funktioniert mühelos.

Wir teilen die Interviewpassagen in zeitliche Abschnitte:

Wann und wie haben Sie gemerkt, dass sich etwas in der Gesellschaft verändert?

Wie war der Alltag im KZ?

Wie war die Befreiung?

Wie ist das Leben danach weitergegangen?

Können Sie vergeben? Können Sie vergessen? Wie ist es möglich, nach solchen Erfahrungen weiterzuleben?

Weil alle drei um die 90 Jahre alt sind, planen wir die Interviews im Sitzen, in ihrer Wohnung. Übers große ORF-Archiv möchten wir versuchen, historische Aufnahmen zu finden, die das Erzählte illustrieren. Das Sendungskonzept nimmt nach und nach Formen an. Doch ein wichtiger Punkt fehlt noch.

„Welche Rolle spielst du in dem Ganzen?", frage ich.

Lisa überlegt. Überlegt lange.

„Ich höre zu. Stellvertretend. Nicht jeder hat die Möglichkeit, mit Zeitzeugen zu sprechen."

„Und was haben diese alten Geschichten mit dir zu tun?"

Fragen wie diese zu stellen gehört zu meiner Arbeit. Lisa weiß das und steigt ein, ohne sich irritieren zu lassen.

„Vielleicht … naja, vielleicht bin ich jemand, der die Aufgabe hat, ein Vermächtnis weiterzugeben."

Ich schreibe in großen Buchstaben „DAS VERMÄCHTNIS" auf die Tafel. Es klingt wie ein Thriller von Dan Brown. Lisa lacht und schüttelt den Kopf.

Wir sind uns einig: Das ist der falsche Weg. Doch der Grundgedanke ist der richtige. Denn zeitgeschichtliche Reportagen gibt es zuhauf, viele davon sind ausgezeichnet gemacht, unerreichbar mit unseren Mitteln. Deshalb brauchen wir einen anderen Zugang. Ich weiß, dass wir das Thema in die Gegenwart holen müssen. Und dass Lisa der Schlüssel dazu sein wird.

„Wir könnten deine Überlegungen und Zweifel zum Thema machen", sage ich. „Deine inneren Monologe werden der rote Faden durch die Geschichte."

Lisa nickt vorsichtig. Ich habe das Gefühl, erst jetzt wird ihr so richtig klar, was das alles bedeutet. Sie könnte das Gesicht und das Herz einer Dokumentation werden. Anhand ihrer Person würde sich eine Geschichte entwickeln, und alles, was mit dieser Geschichte passiert – egal, ob sie Kritik erntet oder Lob –, all das würde mit ihrem Namen verbunden sein. Es gäbe kein Entkommen. Meine Arbeit endet, wenn das fertige Konzept steht. Lisas Arbeit fängt gerade erst an.

L I S A

F Ü N F

ICH TREFFE MICH MIT LILLY, MARTIN UND FLORA VOR ABAS WOHNUNG.

Es ist ein schöner, kalter Tag, der hektische Frühverkehr in Wien nimmt langsam ab. Ich stehe mit einer Topfpflanze in den Händen auf dem Gehsteig in der Sonne. Ein kleines Geschenk für Aba, als Dankeschön, dass er ein zweites Mal mit uns über seine Geschichte sprechen möchte. Martin und Flora packen gerade das ganze Kamera-Equipment auf einen kleinen Rollwagen. Flora schnallt sich einen riesengroßen Rucksack mit Licht-Utensilien auf ihren schmalen Rücken. Und los geht's. Wir rollen mit unseren Sachen auf die Wohnung zu. Für ein Fernsehinterview braucht man verdammt viel Zeug – zwei Kameras, Stative, Kabel, Licht und jede Menge kleiner Gadgets.

Aba wohnt im zweiten Stock eines alten Hauses ohne Lift. Martin und Flora schnaufen bei dem Gedanken, das ganze Zeug wieder über die enge Treppe nach oben tragen zu müssen.

Ich gehe vor. Im Stiegenhaus hat es den typischen Altbau-Geruch. Noch dazu wird gerade gebaut. Aba würde wahrscheinlich seinen Witz wiederholen, denke ich – diesmal mit Gasleitungen. Immer wieder hört man Stemmgeräusche im Stiegenhaus.

Vor der Tür angekommen, suche ich nach der Klingel. „Drrr" – macht die für Wiener Altbauten so typische Glocke. Nach ein paar Sekunden knarrt es hinter der verschlossenen Tür.

„Wer ist da?", ruft eine abwehrende Stimme.

„Lisa Gadenstätter vom ORF, wir haben einen Termin!", rufe ich freundlich zurück.

Ich höre, wie Hebel gezogen und gedrückt werden. Aba hat eine Sicherheitstür, sie wird einen kleinen Spalt geöffnet. Hinter einer weiteren Sicherheitskette lugt das kleine Gesicht von Aba hervor. Erst als er mich sieht, öffnet er die Türe ganz. Ich grüße ihn erfreut und strecke ihm die Hand entgegen, doch im letzten Moment fällt mir ein, er wird sie mir nicht geben.

Bei meinem ersten Termin hat mich das ziemlich verwirrt – ich war peinlich berührt und fast ein bisschen beleidigt. Im Interview hat Aba dann die Erklärung geliefert. Und ich habe mich in der Sekunde für meine Gedanken geniert. „Wissen Sie, ich habe Leukämie." Äußerlich habe ich damals im Interview versucht, Professionalität zu wahren. Innerlich war meine Stimmung eine komplett andere. Ich war zutiefst betroffen. Dieser Mann, der so viel in seinem Leben mitmachen musste, kämpft jetzt gegen einen neuen Dämon, gegen Krebs. Ein einfacher Schnupfen wäre für Aba eine Katastrophe, also vermeidet er jeden Körperkontakt. An diese Szene erinnere ich mich, als ich erneut in die Wohnung trete. Sofort springt das wunderschöne und helle Wohnzimmer in mein Blickfeld. In jeder Ecke der Wohnung erkennt man Abas jüdische Herkunft. Bilder, religiöse Symbole, Bücher. An der Garderobe hängt ein schwarzer Hut, darunter lehnt ein Gehstock.

„Ich habe Ihnen etwas mitgebracht", sage ich und strecke ihm die Topfpflanze entgegen.

„Schön", sagt er. „Stellen Sie sie dort hinüber." Er deutet mit dem Finger in eine Ecke des Wohnzimmers und bittet mich freundlich, weiterzugehen.

Aba begleitet mich und setzt sich auf sein Sofa.

„Sind sie alleine?“, fragt er und lächelt mich an.

Ich erkläre ihm, dass unser Kamerateam und die Regisseurin gerade ganz viel Zeug zum Aufbauen herauftragen, aber sie werden gleich da sein. In der Sekunde läutet es dann auch schon. Aba steht langsam vom Sofa auf, geht mit kleinen, vorsichtigen Schritten zur Tür.

Er öffnet wieder nicht gleich, er fragt nach, wer vor der Tür steht, er öffnet nur einen Spalt, die Kette bleibt vorerst geschlossen. Später erzählt er mir, dass er schon zwei Mal überfallen wurde. Einmal hat man ihn sogar mit einer Pistole bedroht.

Ich sitze Aba gegenüber in einem Stuhl. Schräg hinter mir sitzt Lilly. Als Regisseurin hat sie alles im Blick. Sie checkt gemeinsam mit Martin das Kamerabild, achtet auf jede Frage, die ich stelle. Sollte ich etwas vergessen, dann ist sie da. Sie denkt schon für später mit, also für die Arbeit im Schnittraum. Was brauchen wir für Bilder, um sie unter eine Erzählung von Aba zu legen. Oder: Was filmen wir, damit wir einen Schnitt schön überdecken können. Zum Beispiel Bilder in der Wohnung oder Aba, der durch den Raum geht. In ihrem Kopf arbeitet ständig die Kreativität, sie nennt es „meine Äffchen im Kopf“.

Meine „Äffchen im Kopf“ sind ganz auf Aba fokussiert. Er sitzt uns gegenüber in einem Sessel, der leicht wackelt. Aba trägt ein blaues Hemd, einen schwarzen Pullunder und eine schwarze Kippa, die Kopfbedeckung männlicher Juden. Auf seiner Nase sitzt eine große Brille. Ich habe mich lange auf dieses Interview vorbereitet, ich habe mir ganz genau überlegt, wie ich meine Fragen stelle. Für mich ist das kein leichtes Gespräch, denn ich weiß, dass ich mit jeder Frage Wunden aufreißen und schreckliche Erinnerungen hervorrufen werde. Ich möchte wissen, was Aba widerfahren ist, aber ich möchte auf keinen Fall sensationsheischend sein. Wie sehr darf man einen 96-jährigen Mann mit seiner Vergangenheit belasten?

ABA LEWIT

Aba Lewit wurde 1923 in Djaloszyce in Polen geboren. Sein Vater handelte dort mit Getreide. Wegen der jüdischen Herkunft wurde die Familie 1940 im KZ Plaszów bei Krakau inhaftiert. Aba wurde dort von einer SS-Wache angeschossen, lebensgefährlich verletzt, überlebte aber wie durch ein Wunder. In Plaszów traf Aba Lewit auch auf den berüchtigten KZ-Kommandanten Amon Göth, für dessen Auslieferung Aba Lewit nach Kriegsende maßgeblich mitverantwortlich war. 1943 wurde Aba von Plaszów nach Mauthausen deportiert, wo er in der Rüstungsindustrie arbeiten musste. 1945 wurde er von amerikanischen Truppen befreit. Insgesamt überlebte Aba vier Arbeits- und Konzentrationslager.

INTERVIEW MIT ABA LEWIT

Herr Lewit, wie geht es Ihnen?
Im Moment geht's mir gut, bei so einer hübschen Dame geht's mir gut.

Oh, das ist aber nett von Ihnen, vielen Dank. Aber wie geht's Ihnen seelisch?
Seelisch geht's mir ... in der Nacht meistens schlecht. Weil ich nicht schlafen kann. Da gibt's Filme, die immer wieder kommen. Die wiederholen sich. Und die Erlebnisse sind so derart krass und viel. Ich habe Sachen gesehen, die sich kein Mensch vorstellen kann. Weil ich war in Plaszów (Anm.: Arbeitslager in Polen) in der Pumpenstation. Deshalb konnte ich als Arbeiter überall herumgehen. Die SS war für sich, die Quarantäne war für sich, das Frauenlager war für sich. Und weil ich praktisch für die ganze Kanalisation im KZ verantwortlich war, durfte ich in alle Lager gehen. Niemand außer mir durfte überall hingehen ... ins Frauenlager z. B. oder in die Quarantäne. Ich konnte, weil ich hab gesagt, ich geh kontrollieren. Da hat man mir aufgesperrt. Meine Mutter war dort und die jüngere Schwester, und ich war sehr oft auf Besuch bei ihnen nach der Arbeit. Einmal, ich bin rausgegangen am Abend – ich geh beim Frauenlager raus, und der Göth steht vor mir. Ich weiß nicht, ob Sie wissen, wer der Göth war.
Und ich melde: „Melde gehorsam, Häftling so und so. War Kontrolle."
Und er sagt: „Mit offenen Schuhen?"
Weil wir durften in Plaszów nicht mit Schuhen in den Baracken sein. Nur ohne. Und natürlich, es war Abend, da hab ich sie nicht mehr zugebunden. Und das hat er bemerkt. Aber dann sagt er: „Hau ab, sonst knall ich dich über den Haufen."
Und natürlich war ich weg.

Sie haben noch eine andere Begegnung mit Amon Göth gehabt.
Ich hab drei Begegnungen gehabt mit ihm. Die zweite war, wo seine

Toilette nicht funktioniert hat. Göth hat angerufen, ich war damals Nachtdienst in der Werkstätte von den Installateuren. Ich musste raufgehen, hab keine Ahnung gehabt. So eine Toilette hab ich, sind wir ehrlich, noch nie vorher gesehen. Und ich hab's zerlegt, zusammengestellt, es hat funktioniert. Wieso, weiß ich bis heute nicht. Der Göth hat diese dänischen Doggen gehabt, bekannterweise. Ich bin sehr tierliebend, aber die Doggen kann ich nicht sehen. Und ich hab damals bekommen einen Eimer mit dem Fleisch, das die Hunde gegessen haben – als Belohnung.
Und die dritte Begegnung war: Ich war Zeuge im Prozess gegen die SS von Mauthausen. Der Prozess war in Dachau. Am Abend wurde die gesamte SS versammelt, die wurden gefangen genommen in dem Lager in Dachau. Ich geh rein, vielleicht könnte ich ja jemanden erkennen. Und wir gehen dort diesen Gang entlang, mein Freund und ich. Da standen sie in der Reihe wie beim Militär, wie wir auch immer gestanden sind. Und ich war schon fast vorbei und zuck zusammen – und sag noch zu meinem Freund: „Schau mal zurück, das ist doch der Göth."
„Ja", sagt er, „das ist der Göth."
Das haben wir dem Staatsanwalt gemeldet. Der Göth hat dann gesagt, das stimmt nicht, er heißt nicht Göth, sondern Gott, aber das hat ihm nichts genützt. Und er wurde dann nach Polen ausgeliefert, und in Krakau haben sie ihm den Prozess gemacht.

Das heißt, dank Ihnen ist einer der größten Kriegsverbrecher der Nazi-Zeit ausgeliefert worden … er konnte nicht entkommen, weil Sie ihn erkannt haben.
Sehr richtig.

Wie geht's einem da, wenn man so einen Verbrecher, der einem so viel angetan hat, der so vielen Menschen so vieles angetan hat, wieder sieht?
Wie's mir geht, werde ich Ihnen sagen: Ich bin ein Mensch, der weder rachsüchtig ist noch hassen kann. Das kann ich nicht. Wenn er ein Gewissen hat, dann quält ihn, was er gemacht hat. Und wenn er kein Gewissen hat, dann hilft das sowieso nicht. Dann ist er ein Verbrecher. Und ein

AMON GÖTH

Amon Göth wurde 1908 in Wien geboren. Er war SS-Hauptsturmführer und Kommandant des Konzentrationslagers Plaszów. Amon Göth war berüchtigt für seinen Sadismus. Morgens schoss er vom Balkon seiner Villa auf KZ-Häftlinge. Oder er ließ sie von seinen beiden Hunden – einer Dogge und einem Schäferhundmischling – zerfleischen. Deshalb erhielt er den Beinamen „Schlächter von Plaszów".

1945 wurde Göth verhaftet. Aba Lewit hat maßgeblich dazu beigetragen. Göth wurde für die Ermordung von mehr als 8000 Menschen allein im Lager Plaszów verantwortlich gemacht. Mindestens 500 Menschen hat Göth eigenhändig hingerichtet. 1946 wurde er wegen Massenmordes zum Tod verurteilt und wenige Tage später in Krakau gehängt.

Im Jahr 1993 erlangte der Name Amon Göth ein weiteres Mal weltweite Aufmerksamkeit: Denn der Hollywood-Film „Schindlers Liste" zeigte u. a. die Grausamkeiten des Lagerkommandanten.

Verbrecher bleibt ein Verbrecher. Einzig der Göth – wo ich habe eine Genugtuung, dass es mir gelungen ist, ihn zu erkennen und der Gerechtigkeit zu übergeben. Ich werde Ihnen sagen, warum: Ich hab Sachen gesehen … Der Göth ist gegangen in der Früh, bevor die Leute noch rausgegangen sind zum Arbeiten, da hat er schon in die Fenster reingeschossen. Wen er getroffen hat, den hat er getroffen. Er hat gesagt, ihm schmeckt das Frühstück, wenn er sieben, acht Juden umlegt. Das war sein Tenor, sein Spruch. Und er ist gestanden in der Badehose hinter dem Maschinengewehr. Man hat die Leute zugeführt zum Grab, und er hat geschossen. Das war Göth.

SS-Lagerkommandant Amon Göth auf dem Balkon seiner Villa im Konzentrationslager Plaszow, 1943 (Quelle: United States Holocaust Memorial Museum)

Sie sind so ein starker Mann. Sie haben vier Konzentrations- und Arbeitslager überlebt – gibt es etwas, worauf Sie besonders stolz sind?
Ich bin stolz, wie gesagt, dass es mir gelungen ist, einen Mörder der Gerechtigkeit zuzuführen. Und nicht, sagen wir, auf andere Art. Sondern effektiv der Gerechtigkeit. Ich bin stolz, dass ich heute noch bei verschiedenen Sachen über mich selber lachen kann. Auch in der Synagoge wissen sie: Wenn ich komme, gibt es Spaß. Ich hab meinen Humor nicht verloren.

Das ist sehr wichtig, das ist auch etwas, was mir bei Ihnen aufgefallen ist – man kommt herein, und Sie machen gleich mal einen Witz. Haben Sie dieses ganze Leid auch mit Humor überlebt?
Sehr richtig. Abgesehen davon, sagen wir, wir können glauben an Wunder oder nicht. Aber wenn man mich anschaut, ist es ein Wunder. Erstens bin ich der Einzige in ganz Europa, es gibt keinen Zweiten, der in einem KZ angeschossen wurde und überlebt hat. Ich bin gelegen, man hat bei mir die Kugeln rausgenommen mit einem Taschenmesser, ohne Narkose, ohne Verband. Ohne Medikamente. Ich hab effektiv lebendig gefault. Weil, ich lieg in einem Loch irgendwo, da hat mich mein Vater versteckt, die haben mich zwar gesucht, aber nicht gefunden … und dann die Schmerzen … ich hab gefault. Sie müssen sich vorstellen, man nimmt mit dem Taschenmesser drei Kugeln raus – ohne Medikament. So bin ich gelegen. Die Schmerzen unbegreifbar. Schon das Rausnehmen der Kugeln. Das Einzige, an was ich mich erinnern kann: Eines Tages, ich weiß nicht, wie viele Monate ich so gelegen bin, schau ich auf die Wunde, und es bildet sich ein Häutchen! Wie der Vater gekommen ist, hab ich gesagt:
„Vater, ich werde den Hitler überleben."
Er hat geglaubt, ich bin verrückt geworden. Darauf sage ich:
„Schau, es heilt."
Und dann ist es sehr rasch gegangen. Unfassbar, wie schnell das dann gegangen ist. Ein Geschoss war ein dumm dumm – wissen Sie, was das ist? Es zerreißt drinnen alles. Ich hab hier (Anm.: Aba zeigt auf seinen Oberschenkel) so eine Vertiefung, die nicht zusammengewachsen ist. Ich kann heute auch nur sitzen auf Polstern. Ich kann auf harten Sesseln nicht sitzen.

Ich höre Aba gebannt zu. Und plötzlich läutet das Telefon.

„Darf ich den Hörer haben?“, fragt er.

Er deutet auf ein Schnurlos-Telefon am Schreibtisch hinter mir. Martin verlässt seinen Kameraplatz, er nimmt das Telefon und reicht es Aba.

„Ja.“ Aba hebt ab, es ist das Mauthausen-Komitee.

„Danke, ich werde grad fotografiert“, erzählt Aba mit einem Lächeln im Gesicht. Er hört zu. „Frag schnell“, sagt er zu seiner Gesprächspartnerin. „Ja … Mh … Ja … weißt du was, ruf morgen oder am späten Nachmittag an.“

Da läutet plötzlich ein zweites Telefon, sehr laut und sehr penetrant. Es ist Abas Smartphone, das er in seiner Pullunder-Tasche stecken hat.

„Tschüss“, – Aba verabschiedet sich vom Mauthausen-Komitee, legt den Hörer des Schnurlos-Telefons weg. Er zieht sein Smartphone aus der Tasche, schaut aufs Display und sagt in meine Richtung: „Tochter.“

Zack – einmal drübergewischt, und schon ist das Smartphone entsperrt. „Ja“, … „Nein, die sind noch nicht da …“ Aba fängt an, ein bisschen herumzudrucksen. Er sucht verlegen nach Worten.

„Dafür hab ich eine Dame vom ORF da … wie ist Ihr Name?“, fragt Aba in meine Richtung. „Mein Name ist Lisa Gadenstätter.“

Aba erklärt seiner Tochter, wer ich bin. „Sind Sie von ORF2, 3, 4 …?“, fragt er in meine Richtung.

„ORFeins“, lache ich zurück.

„Was? Dorf Eins? Ah ORFeins“ – Aba lächelt. Seine Tochter will wissen, wie ich mit Aba Kontakt aufgenommen haben. Jetzt ist Aba plötzlich in Erklärungsnot.

„Ich … äh … ich hab’s übersehen … ich … ich … ich hab’s sogar im Kalender eingetragen“, spricht er in sein Telefon. Er hört zu.

„Ok … Baba.“

Aba legt auf.

„Kommt vorbei“, sagt er, mehr zu sich selbst als zu mir.

„Oje, ist Ihre Tochter jetzt böse?“, frage ich.

„Na, na“, Aba runzelt ein bisschen die Stirn, steckt sein Telefon ein. Später erzählt er mir, dass sich seine Tochter immer große Sorgen um ihn macht. Weil sie weiß, dass jede Erzählung ihren Vater tagelang belasten wird. Ich verstehe Abas Tochter. Ich würde auch so auf ein Fernsehteam reagieren, ginge es um meinen Vater. Aber ich danke ihr, dass sie, trotz ihrer Vorbehalte, ihre Zustimmung gegeben hat, auch zu diesem Buch.

„So, jetzt können wir weitermachen“, ruft Aba voller Tatendrang.

Gerne, gehen wir vielleicht ein paar Jahre zurück. Wie hat denn das damals angefangen? Wie haben Sie als Jugendlicher gemerkt: Es ändert sich was in der Gesellschaft?

Wir hatten einen Getreidehandel. Ein Getreidehandel war immer mit Pferdewagen. Damals hat's noch keine Autos gegeben – es war nicht möglich, auf der Straße überhaupt mit Autos zu fahren. Beim Ausbruch des Krieges, der ältere Bruder ist geflüchtet, damit ihn das Militär nicht einzieht, und das polnische Militär hat deshalb meinen Vater rekrutiert – mit den Pferden als Kutscher. Ich war damals am Marktplatz mit einer Freundin. Ich komm zufällig vorbei und sehe den Vater am Wagen sitzen. Und ich sag:

„Was machst du da mit dem Wagen?"

Und er sagt, was passiert ist.

Sag ich: „Tadschi, Daddi – wir haben das zu Vater gesagt –, du als Jude mit dem Bart willst mit dem polnischen Militär …?"

Sagt er: „Was soll ich machen?"

Dann sag ich: „Weißt du was, du schleichst dich runter, und ich fahre."

Da war ich 16 Jahre, glaube ich.

Sagt er: „Willst du das machen?"

Sag ich: „Natürlich. Du geh nach Hause, bleib zu Hause."

Und ich bin mit dem polnischen Militär gefahren. Wir haben nichts zu essen gehabt, nichts, und damals hab ich mir das Rauchen angewöhnt. Bei uns in der Familie hat niemand geraucht, aber es war nix zum Essen, da hab ich den Rauch genommen.

Aber da war schon Krieg. Wie war das vorher? Wann haben Sie sich gedacht: Da stimmt etwas nicht mehr in dieser Gesellschaft, die Leute sind anders, komisch zu Juden.
Das war nicht komisch, weil, sagen wir so … In Polen war das immer so. Sie müssen sich vorstellen: In Polen hat jeder Pole, wenn er verraten hat, wo ein Jude versteckt ist, ein Kilo Zucker bekommen. Das war die Belohnung. Für ein Kilo Zucker hat er ein Menschenleben geopfert. Für ein Kilo Zucker.

Wenn man sich die 16-, 17-Jährigen anschaut, die sind vielleicht verliebt, die haben Träume, was sie in ihrem Leben machen wollen. Wie waren Sie denn mit 16? Bevor Sie deportiert wurden … waren Sie verliebt?
Eigentlich ja. Und zwar werde ich Ihnen sagen, wieso. Wir waren natürlich streng orthodox erzogen, aber mein Vater hat gesagt: „Bei uns muss jedes Kind einen Beruf haben. Du kannst wählen, welchen du willst, aber einen Beruf musst du haben. Kaufmann kannst nachher werden, wenn du willst." Ich wollte Hersteller für Schuhe werden. Aber nicht die Sohlen. Das war eine eigene Abteilung in Polen, Oberteil-Herrichter hat das geheißen. Dort war ein hübsches Mädchen … und wegen dem hab ich den Beruf auch dort genommen. Ich war auch keine Ausnahme, ich war wie jeder Jugendliche. Natürlich, auf einmal, wie der Krieg ausgebrochen ist, war alles vorbei, nicht? Da war ich wirklich erwachsen, und … ich hab gesehen, was am Nachhauseweg alles passiert ist. Ich hab zum Vater gesagt, wir sollen flüchten. Und er hat gesagt: „Erzähl das nicht, das gibt es nicht. Das kann nicht sein. Man wird dich auslachen, die werden sagen, du erzählst Märchen."
Natürlich, wenn der Vater was sagt, es hat gegolten. Für die ganze Familie.
Sag ich: „Dann werde ich alleine flüchten."
Sagt er: „Nein, du auch nicht. Du bleibst da."
Weil der Vater gesagt hat, du bleibst da, bin ich auch geblieben.

Hat der Vater dann im Nachhinein mal zu Ihnen gesagt: Du hast recht gehabt, Aba?

Es ... es war vorbei. Man konnte es nicht mehr ändern. Wie er es gemerkt hat, war es schon zu spät.

Sie sind vom Lager Plaszów dann später mit einem Transport ins KZ Mauthausen gebracht worden ...

Ja. Ein Transport von ca. 7000 Menschen. Über 100 pro Waggon. Angekommen ist wahrscheinlich die Hälfte lebend. Dann sind wir zu Fuß vom Bahnhof in Mauthausen bis nach Mauthausen rauf. Zu Fuß. Oben am großen Appellplatz mussten wir uns aufstellen, je hundert, jeder musste sich ausziehen. Und zu hundert ist man reingegangen in die Baracke. „Zum Duschen", hat es geheißen. Dieses Mal waren's wirklich Duschen, aber wir haben das nicht gewusst. Die vor uns sind rückwärts wieder rausgegangen. Zur Quarantäne. Das haben wir nicht gewusst. Wir haben nur gesehen: Hundert gehen rein, und es kommt niemand mehr zurück. Da haben wir schon gedacht: Jetzt ist es aus. War aber nicht der Fall. Dann waren wir in der Quarantäne, alle nackt, am Boden, einer nach dem anderen. In der Früh haben wir so einen Kaffee bekommen. Dann runter nackt in den Steinbruch, nackt Steine tragen, rauf, am Abend haben wir ein Stückchen Brot bekommen. Das war alles, das war die ganze Verpflegung.

Ein Stück Brot?

Ein Stück Brot. Das Brot in Mauthausen war Sägemehl mit Teig gemischt. Gemahlenes Holz mit Teig. Das war so wie ein Ziegel, der war für 13 bis 15 Leute.

Sind denn da im KZ auch Freundschaften entstanden?

Nein, es war keine Möglichkeit. Wir wurden gejagt wie die Tiere. Da können sich keine Freundschaften entwickeln ..., und wenn Sie nach der Arbeit in die Baracke kommen, erstens waren Sie todmüde, nicht nur der Hunger, der Durst, wir haben auch nichts zum Trinken bekommen. Es war September. A heißer September. Wir haben nichts bekommen zum Trinken. Den ganzen Tag nichts. Nur in der Früh den Kaffee. Und dann fallen Sie weg wie eine Fliege. Es interessiert Sie nicht einmal, ob der daneben gestorben ist. Ist er halt gestorben. Also, es war abgestumpft alles.

Wie haben Sie diese Zeit überlebt, hatten Sie eine Überlebensstrategie?
Nein, meine Strategie war, meinen Vater und meinen Bruder durchzubringen. An mich hab ich gar nicht gedacht. Weil mein Bruder war stärker als ich, er war kräftiger gebaut, aber er war nicht widerstandsfähig. Und der Vater war doch schon ein älterer Mensch. Für mich damals. Das war mein Ziel. Nicht an mich denken, sondern die durchzubringen.

Woher haben Sie diese Kraft genommen?
Weiß ich nicht, das war wahrscheinlich von oben. Ich glaub, es war ein Wunder.

Wie ist es Ihnen damals gegangen mit dem Gedanken oder der Tatsache, dass so wenige Menschen geholfen haben?
Welche Menschen haben geholfen? Es gab keine Nation in Europa, außer die dänische, die nicht mitgeholfen hat. Jede Nation wollte uns loswerden. Egal auf welche Art. Wer sollte aufstehen? Es hat ein paar gegeben, die dagegen waren, aber das war so minimal, dass man das nicht mal in Prozenten rechnen kann. Die einzige Nation, die geholfen hat, war die dänische. Der dänische König hat den David-Stern angeheftet.

Herr Lewit, haben Sie Ihre Nummer eigentlich noch?
Vom Vater, ich hab meine nicht mehr. Wir haben in Mauthausen keine Tätowierung gehabt, es waren andere Nummern.

Aba steht auf. Flora springt von ihrem Kontrollmonitor auf, Aba schleppt nämlich das Mikrofon mit. Sie steckt ihm den Sender in die Hosentasche. Aba geht zu seinem Schreibtisch, macht eine Lade auf und nimmt ein kleines Metallplättchen heraus. Er kehrt zu seinem Interview-Sessel zurück.

Die wurde wo getragen?

Die wurde hier auf der Hand vernietet (Anm.: Aba zeigt auf sein linkes Handgelenk). Das konnte man nicht mehr runternehmen. Das musste nach dem Krieg mit der Kraftzange aufgemacht werden. Mein Vater war die Nummer 311, vom Bruder die Nummer war 310, von mir 309.

Warum haben Sie sich die Nummer von Ihrem Vater behalten?

Ich hab meine weggeschmissen, mein Bruder auch. Aber wie der Vater gestorben ist, hab ich die Wohnung ausgeräumt und sie gefunden. Und die hebst du auf, weil sie vom Vater ist.

Wie wichtig sind denn solche Erinnerungen?

Nicht zum Vorteil. Wissen Sie, ein Tier hat auch eine Nummer. Die Kuh hat's im Ohr, der Hund hat's … und trotzdem: Das Tier hat einen Namen – wir hatten keinen Namen. Und das ist der Unterschied.

Fällt es Ihnen eigentlich schwer, jetzt mit mir über das alles zu sprechen?

Es ist schwer, darüber zu reden, es ist schwer, daran zu denken. Aber Sie werden es sowieso nicht los. Das wird mich wahrscheinlich begleiten bis zum Sterben.

Danke, dass Sie Ihre Geschichte erzählen, auch wenn das bei Ihnen Wunden aufreißt …

Sagen wir so – die Wunde ist gar nicht verheilt.

Da gibt's wahrscheinlich auch keine Möglichkeit, dass so etwas jemals verheilt?

Nein.

Gibt's irgendetwas, von dem Sie sagen – davon träume ich in der Nacht? Das wird mich mein ganzes Leben lang begleiten?

Ja. Unlängst hab ich von der Befreiung geträumt. Das war auch keine leichte Sache, die Befreiung.

Das war keine Befreiung für Sie?

Nein, für niemanden. Sie müssen sich vorstellen – die Amerikaner haben uns befreit –, und danach wissen Sie nicht, wo Sie sind, Sie beherrschen die Sprache nicht, Sie haben nichts zum Schlafen, nichts zum Anziehen, außer das Pyjamerl, kein Groschen Geld, können Sie sich das vorstellen? Das war die Befreiung.

Wie ist es dann weitergegangen?

Wir haben von den Amerikanern Sachen zum Essen bekommen. Leider sind sehr viele noch daran gestorben. Es war Fleisch, fette Konserven. Das haben wir nicht mehr vertragen. Wir waren daran gewöhnt, gekochtes Gras und Kartoffelschalen zu essen, das war unsere Speise. Also … wir haben das nicht vertragen. Ich hab damals vielleicht 38 Kilo gehabt. Vielleicht. Am Tag nach der Befreiung sind wir gegangen, die ganze Masse, mit der Herde, wie die Schafe, wir haben nicht mal gewusst, wohin man geht … angekommen sind wir in Linz Urfahr. Und in Linz haben wir ein einstöckiges Häuschen entdeckt, das war halb zerbombt, der andere Teil war noch ok. Dann haben wir uns da einquartiert, kein Bett, nix. Leer. Und dann haben wir uns auf den Boden gesetzt und gewartet.

Wenn man das mitmacht – gibt's da nicht auch eine Erleichterung, wenn man hört: Hitler ist tot?

Nein, man hat andere Fragen … zum Beispiel: Wer hat noch überlebt von der Familie. Das war die ganze Trachtung. Simon Wiesenthal hat gleich in Linz am Hauptplatz ein Büro eröffnet, und jeder konnte kommen und sagen, der hat dort überlebt, die hat dort überlebt … er hat's notiert. Da hab ich auch erfahren, dass meine jüngere Schwester Mauthausen überlebt hat. Ich hab nicht mal gewusst, dass sie in Mauthausen war.

Hatten Sie wirklich keine Rachegedanken?

Nein, aber wo …

Das finde ich sehr, sehr stark von Ihnen, dass Sie da so denken.

Wissen Sie, wenn ich mich herunterlassen würde auf dieses Niveau, zu hassen oder zu rächen, dann stell ich mich auf dieselbe Stufe wie die. Und das will ich nicht. Nein. So wie ich gesagt hab: Wenn er ein Gewissen hat, wird es ihn quälen, so lange er lebt. Wenn er keines hat, dann ist er ein Verbrecher. Dann nützt mein Hass auch nichts. Er schadet nur mir. Der Hass wird mich auffressen.

Sie sind ein sehr beeindruckender und starker Mann, Herr Lewit!
Danke. Aber ich hab nicht das Gefühl. Ich hab das Gefühl, ich bin wie jeder andere. Ich bin nicht anders … ich bin nur männlich, Sie sind weiblich. Das ist der Unterschied.

Na ja, das sehe ich ein bisschen anders. Ich habe große Hochachtung vor Ihnen. Wie schwer fällt es, nach solchen Erlebnissen wieder Vertrauen zu anderen Menschen aufzubauen?
Ich hab auch kein Vertrauen.

Wie lebt man, wenn man kein Vertrauen mehr zu der Menschheit hat?
Sagen wir so – ich hab sehr viel Bekannte, die nicht Juden sind. Aber ich traue niemandem. Wir sind gut miteinander, wir besuchen uns, die besuchen mich, aber ich traue niemandem. Ich hab das erlebt.

Haben Sie das Gefühl, dass die Menschlichkeit in den letzten Jahren zugenommen oder eher abgenommen hat?
Abgenommen. Stark abgenommen. Wenn die Menschlichkeit nicht so stark abgenommen hätte, wären heute viele Politiker nicht gewählt worden.

Sie machen auch Zeitzeugenarbeit an den Schulen – wenn Sie sich den Schülern vorstellen, wie beschreiben Sie sich dann?
Ich beschreibe mich als Glücksmensch. Ich kann's selbst fast nicht fassen, dass ich das überleben konnte. Und dass ich noch … das Glück habe, trotz allem, trotz meines Alter, dass ich das noch alles kann. Bei solchen Gesprächen sind meistens zwei, drei Klassen zusammengelegt … man

kann sagen, so 50, 60 Kinder …, wenn sich vielleicht zehn zu Herzen nehmen, was ich erzähle, und anfangen zu denken, dann bin ich sehr zufrieden.

Wie wichtig ist denn das Judentum oder eine jüdische Erscheinung für eine Stadt. Zum Beispiel hier in Wien, wie wichtig ist das?
Meiner Ansicht nach ist es … man kann sagen was man will …, eine Stadt, wo die Juden in Frieden, in ihrem Glauben leben können, ich glaube, das ist ein Glücksfall für die Stadt, und es bringt der Stadt Glück.

Es ist jetzt die dritte Generation nach dem Holocaust, die vierte Generation wächst gerade heran – haben diese Generationen noch Schuld?
Eine Generation hat nie Schuld. Man soll nie ein ganzes Volk verurteilen. Weder das österreichische noch das deutsche. Sie können nichts dafür. Sie können nichts dafür, was Ihr Vater oder Onkel gemacht hat. Ich kann Sie nicht beschuldigen, Sie haben ja nichts gemacht.

Was möchten Sie diesen Generationen, diesen Menschen mitgeben?
Dass sie sich nicht von Propaganda und Zeitungen oder von Fernsehen oder Radio beeinflussen lassen. Sie sollen selber denken. Wir haben ein Hirn bekommen, um zu denken. Nicht blind folgen. Populisten oder Propaganda – ganz egal, von welcher Seite. Sie sollen anfangen zu denken.

SECHS

EIN WEITERER KALTER NOVEMBERTAG. NEBELSCHWADEN ZIEHEN ÜBER DIE KLEINEN HÜGEL, DIE MAN VON UNSEREM BÜROFENSTER AUS SEHEN KANN.

In der Redaktion herrscht Hektik. Im Norden der Sinai-Halbinsel hat es einen schrecklichen Anschlag gegeben. Islamisten haben in einer Moschee Sprengsätze gezündet und vor der Moschee auf Gläubige geschossen. Mehr als 300 Menschen sind ums Leben gekommen.

Das Tagesgeschäft bekomme ich heute nur am Rande mit. Ich transkribiere das Gespräch mit Aba. Eigentlich sollte mein neuer Noise Cancelling Kopfhörer die Umgebungsgeräusche dämpfen, trotzdem kann ich den Kollegen Matthias Euba hinter mir lautstark über Geschichten und mögliche Studiogäste diskutieren hören. Kein Kopfhörer der Welt könnte verhindern, dass seine kraftvolle, wunderschöne Stimme, mit der er Dokumentationen den letzten Schliff verleiht, durch den Raum getragen wird. Die Stimme, die aus meinem Kopfhörer in mein Ohr dringt, ist trotz vollem Pegel um einiges leiser. Vor allem bei Interviewpassagen, die Aba Lewit sehr viel Kraft kosten, weil sie Erinnerungen aufwühlen, die ihn ganz besonders belasten, wird er leise, manchmal sprudeln die Worte auch unverständlich aus ihm heraus, und man muss sie öfter anhören. Ich schreibe jeden Satz nieder, Wort für Wort. Die Grausamkeiten, die Aba erleben musste, sind jetzt in einem Word-Dokument auf meinem Laptop verewigt.

Ich packe meine Unterlagen und mache mich wieder einmal auf zur grünen Couch. Lilly sitzt bereits dort und liest am Handy. Ich setz mich dazu, und wir diskutieren, welche Themen wir bei den nächsten Interviews mit unseren Zeitzeugen unbedingt noch ansprechen müssen. Es sind Themen, für die uns im Interview mit Aba keine Zeit mehr geblieben ist, weil das Gespräch für den 96-Jährigen dann irgendwann doch zu anstrengend und zu belastend geworden wäre – das wollten wir auf keinen Fall. In unserer konkreten Vorbereitung geht es jetzt um Esther Bejarano, eine der letzten Überlebenden des Mädchen-Orchesters von Auschwitz.

„Hast du unsere Interview-Partnerin Nummer 2 schon erreicht?“, fragt mich Lilly.

„Indirekt. Ich hab mit ihrer Band gesprochen, und die haben gesagt, ja klar, das geht, Esther gibt gerne ein Interview.“

Ich erzähle Lilly von der Microphone Mafia, der Band, in der Esther singt.

Frontman ist Kutlu Yurtseven. Ich habe über seine Homepage mit ihm Kontakt aufgenommen. Kutlu ist ein cooler Typ. Turnschuhe, Kapuzenpulli, leicht angegrauter Bart, zurückgegelte, dunkle, etwas längere Haare. Zumindest schaut er auf den Fotos, die ich im Internet finde, so aus.

Unser erstes Gespräch ist in etwa so abgelaufen: Ich stelle mich und mein Anliegen vor. Kutlu antwortet – „coole Sache“– und ist plötzlich abgelenkt –, ich höre laute Stimmen im Hintergrund, und Kutlu, der im breiten Kölner Dialekt ruft: „Ich hab dir schon so oft gesagt, du sollst das hier nicht machen … Sorry, Lisa, muss auflegen."

Meine weiteren Recherchen liefern schnell den Grund für das abrupte Ende unseres Telefonats. In deutschen Medien ist viel über Kutlu und seine Geschichte zu lesen. Er ist Sozialarbeiter in Kölner Problembezirken, Schauspieler und türkischer Rapper. Seit Jahren steht er mit seiner Hip-Hop-Gruppe „Microphone Mafia" auf der Bühne. In diese Band hat er auch Esther geholt. Im Gedenkjahr wird das 10-jährige Jubiläum gefeiert, 2008 hat Kutlu Esther gefragt, ob sie sich ein gemeinsames Projekt vorstellen könnte. Er hatte eine genaue Vorstellung, wie diese Konzerte ablaufen sollten. Esther würde zuerst über ihre Erlebnisse in Auschwitz erzählen, danach könnte man gemeinsam Musik mit der „Microphone Mafia" machen, Lieder singen und rappen. Mit dieser genauen Vorstellung ging Kutlu in das erste Telefonat mit Esther. Bei unserem Treffen in Hamburg wird er dann von diesem ersten Anruf erzählen. Kutlu stellte sich als Sänger der „Microphone Mafia" vor. Langes Schweigen. Dann rief Esther völlig entsetzt in den Hörer: „Hören Se mal, warum ruft denn die Mafia bei mir an?" Die Unklarheiten wurden beseitigt, und heute steht die Formation höchst erfolgreich auf der Bühne. Ein Projekt, das Musik zur gemeinsamen Sprache gemacht hat und religionsübergreifend ist. Die Jüdin Esther und der Moslem Kutlu singen gemeinsam gegen Ausgrenzung und Rassismus.

Auch Kutlu hat Rassismus erfahren müssen. Sein Studio liegt in Köln direkt über jenem Kiosk, der vor 18 Jahren bei einem Bombenanschlag zerstört wurde. Dieser Anschlag wird dem Nationalsozialistischen Untergrund (NSU) rund um die deutsche Rechtsextremistin Beate Zschäpe zugerechnet. Das Gedankengut der Nazis drängt in der heutigen Welt immer wieder an die Oberfläche. „Es ist wie damals", sagen ältere Menschen oft. Aber darf man die Zeiten wirklich vergleichen? Fängt es tatsächlich wieder so an wie damals in den 30er-Jahren? Alles Fragen, die ich mit Esther besprechen werde.

Ich möchte wissen, wie sie es damals erlebt hat, wie sie es heute erlebt, und was sie meiner Generation mitgeben möchte.

Kutlu hat mir zwar ein Interview mit Esther zugesagt, aber irgendwie habe ich das Gefühl, ich muss persönlich mit Esther sprechen. Ich beschließe, sie direkt in Hamburg anzurufen. Nach mehrmaligem Klingeln hebt eine resolute Frau ab. Was ich von ihr will, möchte sie wissen. Wieder stelle ich mich und mein Projekt vor. Esther sagt mir das Interview zu. Ich bin voller Freude, ich weiß, dass diese Frau eine großartige Gesprächspartnerin sein wird, die einen direkten Bezug zwischen dem Damals und dem Jetzt herstellen wird können.

„Wie war nochmal Ihr Name?", fragt sie, um den Termin in ihrem Kalender zu notieren.

„Gadenstätter", buchstabiere ich ihr.

„Watn dat fürn komischer Name?", meint Esther. Ich bin baff. Und mir wird klar, diese Frau nimmt sich kein Blatt vor den Mund. Gut so! Ich bin schon gespannt, wie es sein wird, wenn wir uns gegenübersitzen. Wir verabschieden uns, und ich freue mich sehr, dass ich Esther Bejarano bald kennenlernen darf. Doch zuvor müssen Lilly und ich noch einen anderen überaus wichtigen Termin absolvieren.

ELISABETH

SIEBEN

WIR SITZEN AN EINEM RUNDEN TISCH, SO KLEIN, DASS ER DEN NAMEN KAUM VERDIENT, UND WARTEN AUF DIE CHEFIN.

Die Termine haben sich verschoben, ein Drunter und Drüber, und erst jetzt stellen wir unser Konzept offiziell vor. Nachdem das erste Interview schon im Kasten ist. Nicht gerade der übliche Weg, aber auch kein großes Problem.

Lisa Totzauer entert mit Schwung den Raum, setzt sich zu uns und reibt sich energisch das Gesicht, als würde sie die Gespräche, die sie vor ein paar Minuten gerade noch geführt hat, erst wegwischen müssen. Dann schaut sie uns erwartungsvoll an. Es kann losgehen.

Ich ergreife das Wort, erzähle vom ersten Dreh, von der Möglichkeit, dieses Interview einfach als Interview auszustrahlen. Und auch von unserem Konzept, daraus eine Dokumentation mit größerem Umfang zu gestalten. Lisa erzählt von Aba Lewit und den beiden anderen Zeitzeugen, erzählt von ihren Lebensgeschichten und von unserer Idee, einen inneren Monolog als roten Faden durch den Film zu ziehen.

Die Chefin sitzt zurückgelehnt in ihrem Sessel, Hände über dem Bauch, und hört schweigend und aufmerksam zu. Ich mag ihre Konzentration, ihren Scharfsinn und ihre Direktheit, sie bringen uns (meistens) gut ans Ziel. Und ich weiß, dass eine ihrer Spezialitäten darin liegt, mit provokanten Fragen den Bodensatz noch mal ordentlich aufzuwirbeln. Und so ist es auch heute.

„Der springende Punkt ist doch die Frage, was mich diese furchtbaren Geschichten von damals heute noch angehen, oder? Stellt euch vor, ihr kommt nach Hause, müde, schaltet den Fernseher ein. Und dann kommt – der Holocaust."

Ihre Hände kippen ausladend über die Armlehnen des Stuhls, und ihr Gesichtsausdruck spricht Bände.

„Versteht mich nicht falsch, ich finde dieses Thema äußerst wichtig, und wir werden diese Doku auch machen ..."

Haben wir gerade eine Zusage bekommen? Ich lächle in Lisas Richtung, doch die lässt sich nichts anmerken. Ist sie nervös?

„... aber wir müssen uns vorher ganz genau überlegen, wie wir die Sache angehen. Ich möchte keinen erhobenen Zeigefinger, von wegen ‚Schaut, wie furchtbar, was da alles passiert ist.' Weil, der erste Reflex ist doch: Lasst mich in Ruhe damit, ich hab nichts verbrochen, ich bin nicht schuld, und ich möchte das nicht schon wieder unter die Nase gehalten kriegen."

Diese Sätze sitzen, sie treffen direkt in die Magengegend. Ich merke, wie mir der Ärger rot über die Kinnkante wandert, denn da ist sie wieder, die Abwehrhaltung, diese wehleidige Verteidigung, angefangen bei meiner Großmutter bis hinauf in die höchsten Politikerkreise, gebetsmühlenartig kommt sie immer und immer wieder, wenn es um Aufarbeitung und Gedenken geht.

„Aber Österreich ist schuld an dem, was passiert ist", sage ich, lauter als gewollt.

Die Chefin schaut mir direkt in die Augen. Meine Anspannung ist ihr nicht entgangen. Und es klingt nicht nach Angriff, als sie sagt:

„Ja, aber nicht der 25-Jährige, der unsere Doku schaut. Der hat nichts falsch gemacht. Und warum sollte er sich eine Sendung anschauen, die ihm das Gegenteil beweisen will?“

Wie stellt sie sich das vor? Ich bin nicht dazu da, es unserem Publikum so bequem wie möglich zu machen, ganz im Gegenteil, meine Arbeit besteht aus kritischem Nachfragen und dem Herstellen von Zusammenhängen, und allein die Andeutung, hier nur keinesfalls negativ anzustreifen, wirkt auf mich wie ein Affront, meine Gedanken überschlagen sich, und im Nachhinein weiß ich nicht mehr, welche dieser Dinge ich tatsächlich gesagt und welche ich in wütenden Tiraden in meinem Kopf mit mir selbst diskutiert habe. Ich sitze an diesem Tisch mit den zwei Lisas, die eine denkt angestrengt nach, und die andere sagt:

„Denkt mal drüber nach.“

Diese Diskussion ist für heute abgeschlossen.

Ich versuche, mich zu sammeln, finde Halt in den Notizen vor mir auf dem Tisch und bringe das Gespräch zum nächsten Punkt: die Produktion der Doku. Offensiv schiebe ich unser ausgedrucktes Konzept Richtung Chefin. Es handelt sich um eine aufwändige Sache, Lisa wird viel herumreisen müssen, und ich schlage zwei Produktionsfirmen vor, die ich mir gut für diese Aufgabe vorstellen könnte. Doch die Chefin unterbricht mich.

„Nein, nein, nein. Das geben wir nicht aus der Hand. Das macht ihr beide. Wie soll das Ganze eigentlich heißen?“

Und mit einem Mal habe ich einen neuen Job. Es wird nicht meine erste Regiearbeit sein, doch es wird meine erste Doku. Unsere erste Doku.

„Ich kann es noch gar nicht richtig glauben“, sagt Lisa, als wir das Büro verlassen. Ihr Lächeln ist ansteckend. Ich freue mich auch, irgendwie. Doch die Diskussion von vorhin verklebt meine Gedanken und lässt sich nicht abschütteln. Ich führe sie weiter, im Stillen, als ich in den Bus einsteige, als ich die Stufen zur U-Bahn runterstapfe. Ich schaue die Menschen an, wie sie durch die Stadt strömen, in ihren dicken Mänteln und den dreckigen Stiefeln. Mit den Kopftüchern und den Wollhauben. Das dichte schwarze Haar der Mutter neben mir. Ihr dreifach verpacktes Kind im Wagen. Der alte Mann beim Eingang, der seine Brille putzt, weil sie im dampfigen Inneren des U-Bahn-Waggons angelaufen ist. Drei Reihen weiter telefoniert eine junge Frau wild gestikulierend, welche Sprache könnte das sein? Isländisch? Ich sehe eine Gesellschaft, die auf den ersten Blick zeigt, wie klein und beweglich unsere Welt geworden ist, wie weit wir herumkommen und wie verschieden wir alle sind und doch gleich, hier an diesem feucht-kalten Winterabend, in einem Zugabteil, alle mit dem Wunsch, weiterzukommen, wohin auch immer.

Und ich weiß, dass dieser Anblick vielen Leuten nicht gefällt.

In ganz Europa ist die Migration zum Feindbild Nummer eins geworden. Alte und neue Nazis kriechen aus ihren Löchern, endlich im Aufwind, endlich ohne Maulsperre marschieren sie durch die Straßen und grölen einander ihre Unzufriedenheit ins Gesicht. Sie sind wieder da, oder sie waren nie weg, ich weiß es nicht. Und ich frage mich, ob es fahrlässig ist, eine Doku über den Holocaust zu drehen, ohne aktuelle rechtsradikale Gruppierungen zu thematisieren. Wir wollten das Thema doch in die Gegenwart bringen. Wo fängt das an, und wo hört es auf?

Ich rufe Lisa an. Erzähle ihr von meinen Zweifeln, von meiner Unsicherheit. Immer ausufernder werden meine Gedanken.

„Ich war in Griechenland in einem der Lager, wo Flüchtlinge untergebracht werden", sage ich. „Wie Schwerstverbrecher standen die Männer hinter dem Zaun, hinter Stacheldraht und elektronisch gesicherten Toren. Können wir über Konzentrationslager sprechen und diese Lager einfach ignorieren? Stellen wir uns blind und taub? Oder verharmlosen wir damit den Holocaust und verhöhnen die Überlebenden? Stellen wir Dinge gegenüber, die nichts miteinander zu tun haben?"

Lisa lässt sich durch meine gedanklichen Verrenkungen nicht aus der Ruhe bringen. Wie dankbar ich bin, sie jetzt in der Leitung zu haben. Wir reden lange, drehen die Argumente hin und her, hinterfragen ihre Rolle und das Ziel der Doku. Und schlussendlich schaffen wir es, das Chaos zu ordnen.

In erster Linie geht es um die Zeitzeugen. Wir werden (hoffentlich!) mit drei sehr spannenden Menschen sprechen, die viel zu erzählen haben und uns Einblicke in die Geschichte liefern. Vielleicht möchten sie mit uns über die aktuelle politische Lage sprechen, vielleicht auch nicht, doch egal wie sie sich entscheiden: Dieser Raum gehört ihnen. Wir werden sie fragen, was sie uns mitgeben möchten. Und wir werden eine Antwort auf die Frage liefern, warum das Erinnern auch Jahrzehnte später noch wichtig ist. Das wird unser Film.

Alles andere sind andere Geschichten. Nicht weniger wichtig, auch thematisch verwandt, und bestimmt werden sie unsere Geschichte streifen. Doch es wäre ein anderer Film.

Und am Ende dieses Tages wundere ich mich, was die Frage nach der Schuld bei mir ausgelöst hat. Wie viel da mitspielt, und welche Kreise es zieht. Und das bestätigt mich: Dieses Thema ist relevant. Wir sind auf der richtigen Fährte.

~~ACHT~~

DAS GESPRÄCH MIT DER CHEFIN UND DAS TELEFONAT MIT LILLY HABEN MICH NACHDENKLICH GEMACHT.

Ich erinnere mich an ein Gespräch auf einer Geburtstagsfeier mit einem Mann und einer Frau, beide in etwa mein Alter, vielleicht etwas jünger, die mir erklärt haben, dass sie die ganzen Dokus und Filme über die NS-Zeit einfach nicht mehr anschauen können. Es nervt sie zutiefst.

„Warum?", will ich von ihnen wissen, das sei doch ein wichtiges Thema, eines, das wir nie vergessen dürften.

„Ja, eh", sagen die zwei, „aber was haben wir damit zu tun? Wir haben gar nichts mehr damit zu tun, und warum müssen wir immer noch für eine Zeit verantwortlich gemacht werden, in der wir noch gar nicht auf der Welt waren?"

Dieses Gespräch kommt mir wieder in den Sinn. Aber werden wir wirklich noch für diese Zeit verantwortlich gemacht?

Meine Gedanken wandern zurück zu einem Aufenthalt in New York vor vielen Jahren. New York City ist für viele die jüdischste

Stadt außerhalb Israels. Im Laufe der Geschichte sind immer wieder Juden nach New York ausgewandert. Die jüdische Bevölkerung kam zum Beispiel zu Kolonialzeiten aus Spanien und Portugal, während der Revolution 1848 und natürlich auch während des Holocausts.

Bei meinem Aufenthalt in New York habe ich bei einer jüdischen Frau zur Untermiete gewohnt. Anfangs war sie mir nicht freundlich gesinnt, machte immer wieder Anspielungen auf meine Heimat. Im Lauf der Zeit freundeten wir uns an, und ich durfte viel über ihre Herkunft und ihr Leben erfahren.

Doch dann gab's diesen heißen Sommertag in Brooklyn. Ich wollte mir etwas zu trinken kaufen, und hinter der Kassa des Lebensmittelgeschäfts saß ein alter Mann. Er fing ein Gespräch mit mir an, war interessiert und freundlich, bis zu dem Zeitpunkt, als ich ihm sagte, dass ich aus Österreich käme. Sein Gesichtsausdruck änderte sich schlagartig, das Freundliche wich einem Blick, der zwischen Abscheu und Angst angesiedelt war. Ich solle sofort sein Geschäft verlassen, er möge keine Leute, die aus dem „Hitler-Country" kommen. Dieses Erlebnis hat mich wirklich getroffen.

Ähnlich betroffen ist meine 17-jährige Cousine, als sie ihr Erlebnis aus Spanien erzählt. Im Sommer 2017 hat sie ein Praktikum in einem Hotel absolviert. Dort musste sie sich selbst vorstellen und ein bisschen von ihrer Herkunft erzählen. Österreich, ah, interessant, waren die ersten Reaktionen. Und dann kamen sofort drei Dinge, die die Menschen dort mit Österreich verbinden, erzählt meine Cousine. Skifahren, erstaunlicherweise Fußball und Hitler. Für sie war es nicht nachzuvollziehen, dass man ihr Geburtsland nach wie vor mit Hitler in Verbindung bringt. Gleich nach Skifahren und Fußball. Sind wir auf immer und ewig mit diesem Mann verbunden? Zu Recht oder zu Unrecht? Und was macht das mit Generationen von Menschen? Mit jedem Tag, an dem ich an der Doku arbeite, werden diese Fragen intensiver.

Aber jetzt gehört meine ganze Aufmerksamkeit einem 89-jährigen Mann in Jerusalem. Er heißt Jehuda Bacon.

Jehuda ist Künstler, er wurde als Kind nach Auschwitz deportiert und hat nach seiner Befreiung Skizzen angefertigt – von den Gaskammern, den Exekutionen, dem Todesmarsch. Seine Skizzen waren so gut und detailgetreu, dass sie in diversen Nazi-Prozessen (zum Beispiel dem Eichmann-Prozess) vorgelegt wurden, um die Gräueltaten der Nazis zu demonstrieren. Warum er diese äußerst detaillierten Zeichnungen anfertigen konnte, davon wird er mir später im Interview erzählen.

Ich habe viel über Jehuda Bacon gelesen, ich habe mir viele Bilder und Fotos angesehen, und eines ist mir sofort aufgefallen: Dieser Mann hat unglaublich gütige Augen. Wie ist das möglich, frage ich mich? Wie kann man so eine Zeit wie den Holocaust und derartige menschliche Abgründe erleben und danach immer noch gütige und verständnisvolle Augen haben?

Jehuda Bacon zu erreichen war nicht leicht für mich. Ich habe es über viele verschiedene Stellen versucht, bin immer wieder gescheitert. Durch einen Zufall bin ich auf einen guten Freund von ihm in Deutschland gestoßen. Der Mann ist Kurator, hat viele Ausstellungen von Jehuda organisiert und ist so etwas wie sein Presseagent. Über diesen Mann bekomme ich eine Telefonnummer in Jerusalem.

In der Sekunde, als Jehuda das Telefon abhebt, ist er mir sympathisch. Ich mag seine weiche und freundliche Stimme. Jehuda sagt für unser Interview zu. Wir vereinbaren einen Tag und eine Uhrzeit in Jerusalem.

„Aber rufen Sie mich unbedingt ein paar Tage vorher an und schauen Sie, ob ich noch lebe", sagt Yehuda plötzlich schelmisch ins Telefon.

Für einen Mann in seinem Alter vermutlich ein legitimer Satz, ich bin dennoch entsetzt. Der Tod ist für die Holocaust-Überlebenden offenbar ein Thema, das sie mit Humor zu nehmen scheinen. Wird man so, wenn man dem Tod unzählige Male ins Auge geblickt hat? Oder ist Humor die einzige Möglichkeit, mit dem Erlebten umzugehen? Ich kann mit dem Tod gar nicht umgehen, ich mag ihn nicht. Da bin ich wohl nicht die Einzige, aber ich verdränge ihn konsequent. Kommt das Gespräch auf den Tod, dann schwenke ich auf völlig idiotische Themen um, nur um nicht darüber sprechen zu müssen, und im schlimmsten Fall fange ich an zu weinen. Gute Voraussetzungen für derartige Interviews. Ich sage irgend so was Naives wie: „Ach, da mach ich mir keine Sorgen, wir sehen uns ganz bestimmt im Jänner." Jehuda erklärt mir, er merke, dass seine Kräfte langsam schwinden. Ich lege auf und mache mir nicht nur Gedanken darüber, dass Jehuda Bacon unseren Interview-Termin nicht mehr erleben könnte. Ich mache mir auch Gedanken über das Land, in das Lilly und ich fliegen werden. Israel und der Nahe Osten sind wieder vermehrt in den Schlagzeilen. Denn US-Präsident Donald Trump hat Anfang Dezember 2017 Jerusalem als Hauptstadt Israels anerkannt, er will die Botschaft von Tel Aviv nach Jerusalem verlegen. Das hat weltweit für Proteste gesorgt, denn der Status Jerusalems ist eine der strittigsten Fragen im Nahost-Konflikt.

Der Ursprung des Streits um Jerusalem beginnt im Jahr 1947. Das britische Mandat für Palästina endet, die Vereinten Nationen sprechen sich für eine internationale Verwaltung der Stadt aus. Jerusalem wird von Gäubigen aller drei Weltreligionen (Juden, Muslime, Christen) als Heiligtum verehrt. 1948 gibt es den ersten Nahost-Krieg. Der neu gegründete Staat Israel erobert den westlichen Teil Jerusalems, Jordanien den östlichen Teil. Damit ist die Stadt geteilt. 1967 findet der Sechs-Tage-Krieg statt. Da erobert Israel dann auch den arabisch geprägten Ostteil Jerusalems inklusive der Altstadt. Eine Eroberung, die bis heute international nicht anerkannt ist. Israel beansprucht seitdem aber die ganze Stadt Jerusalem als seine Hauptstadt. Die Palästinenser erheben Anspruch auf den Ostteil mit der Altstadt als künftige Hauptstadt eines unabhängigen Palästinenserstaats. Das lehnt Israel ab.

Die Palästinenser sehen die Entscheidung der USA im Dezember 2017 wörtlich als eine „Kriegserklärung". Die Arabische

Liga sagt ein Aufflammen von „Fanatismus und Gewalt“ voraus, der UN-Sicherheitsrat befasst sich mit der Entscheidung der USA. Anfang Jänner 2018 fliegen Lilly und ich nach Jerusalem, ich merke, dass Lilly bei diesem Gedanken nicht wohl ist. Ich bin auch verunsichert, versuche aber trotzdem, die Geschehnisse nicht zu sehr an mich heranzulassen. Wir haben noch ein Monat bis zu unserer Reise, bis dahin werden sich die ersten emotionalen Reaktionen hoffentlich etwas gelegt haben.

NEUN

21. MÄRZ 2018, UM 20.15 UHR, SAGT DIE CHEFIN.

Wir haben einen Sendetermin, rund um die Gedenktage 80 Jahre nach dem „Anschluss" Österreichs an Hitlerdeutschland.

„Und ihr braucht noch einen Titel!"

Dieser Moment ist immer ein kleiner Schock, denn das Datum im Kalender zeigt, dass die Zeit des Vielleicht vorbei ist. Unsere Tage sind gezählt, nicht mal hundert bleiben übrig. Die Frage nach dem Titel schieb ich beiseite, zuerst stehen andere Dinge auf dem Plan. Ich mache mich an die Arbeit.

Hitler ist im März 1938 die Wiener Ringstraße entlanggefahren, wie die alten Archivfilme zeigen. Die Straßen sind vollgestopft mit Menschen, aufgeregt und dreckig füllen sie das Bild in Schwarzweiß, ruckelnd und etwas zu schnell in ihren Bewegungen. Auf den Statuen und Laternenmasten türmen sie sich, die Kinder sitzen auf den Schultern der Eltern oder wurden in die Bäume gehoben, und alle lachen und schreien sie, mit stolz gestrecktem Arm zum Hitlergruß.

Ich kenne jede Ecke. Das Burgtheater, das Hotel Bristol. Den Brunnen vorm Parlament. Wie oft bin ich schon auf diesen Straßen gestanden, auf denselben Straßen wie diese Meute, in derselben Stadt.

„Ich habe eine Idee", sage ich zu Lisa beim Mittagessen in der Kantine. Jedes unserer Gespräche dreht sich inzwischen um die Doku, egal, wo wir sind.

„Wir suchen die Orte, die wir auf den Archivfilmen finden, und drehen dort. Um zu zeigen, dass es nicht irgendwo in einem anderen Land stattgefunden hat, sondern genau hier. Und im Schnitt machen wir dann den Zeitsprung in die Vergangenheit."

Lisa ist begeistert. Die Zusammenarbeit mit ihr ist ein Glücksfall, symbiotisch teilen wir uns die Arbeitsfelder und freuen uns über die Professionalität des Gegenübers. Ich habe nicht den geringsten Zweifel, dass wir zwei dieses große Projekt stemmen werden. Und während sich Lisa weiter hinters Telefon klemmt, besorge ich mir alles an Archivmaterial, was wir brauchen könnten. Unsere Zeitzeugen waren in den Konzentrationslagern Auschwitz und Mauthausen. Auch dort könnten wir Zeitsprünge drehen. Gibt es überhaupt Filmmaterial aus den Konzentrationslagern?

„Die einzigen Filmaufnahmen stammen aus den Wochen nach der Befreiung, Anfang des Jahres 1945", erklärt mir Silvia, die Archivarin. Die Alliierten sind damals mit professionellen Filmteams angerückt, um die Beweise festzuhalten.

„Und vielleicht sollte ich dich noch warnen", sagt sie. „Wenn man es nicht gewohnt ist, solche Bilder zu sehen, kann einem das ganz schön zusetzen."

Wie recht sie hat.

Tagelang kämpfe ich mich durch Tod und Elend. Ich sehe Menschen, die nur noch aus Haut und Knochen bestehen, sehe offene Wunden und ausgefallene Zähne. Leichen bedecken die Böden, türmen sich auf Holzkarren, verstopfen die Bäche. Männer mit Mundschutz und Arztkitteln ziehen halb verweste Körper aus der

Erde, um sie zu identifizieren. Und die Lagerhallen bersten geradezu vor Gegenständen, die die Nazis den Gefangenen abgenommen haben: Brillen, Goldzähne, Schuhe, Jacken, Kleider und Haare, sorgfältig verpackte Frauenhaare, kiloweise, gestapelt bis unter das Dach. Jede Sekunde dieser grauenhaften Entdeckung scheint von den Alliierten festgehalten worden zu sein. Und die Szenen sind eigenartig surreal. Denn die Menschen im Film – Überlebende, Soldaten, freiwillige Helfer und zwangsverpflichtete Bauern aus der Umgebung – sind sich bewusst, dass sie gerade gefilmt werden. Logischerweise, die Kameras damals waren alles andere als unauffällig. Und die Gefilmten reagieren so, wie jeder Mensch reagieren würde: Sie richten sich auf, lächeln verschämt, manche schwenken mit einem Tuch. Vor mir laufen die grauenhaftesten Bilder ab, die ich je gesehen habe, und die Menschen darin wirken, als würden sie sich gerade für eine Castingshow bewerben.

Aus allen diesen Szenen haben die Alliierten den Film „Die Todesmühlen" zusammengestellt. Er wurde zur „Reeducation", also zur „Umerziehung" der Deutschen und Österreicher gleich nach dem Krieg 1945 und 1946 in den Kinos gezeigt. Sie sollten damit konfrontiert werden, was sie getan hatten bzw. was in ihrem Namen getan worden war. Sie sollten damit konfrontiert werden, dass sie schuld sind. Ob das geklappt hat? Ich wage es zu bezweifeln. Und ich denke an den Großvater einer Freundin. Ihm wurde noch während seiner Kriegsgefangenschaft von den Alliierten ein Film gezeigt, wahrscheinlich waren es die „Todesmühlen". Doch die „Umerziehung" ging nach hinten los. Er war der festen Überzeugung, dass die Amerikaner ihm mit ihrer Propaganda das Hirn waschen wollten. Denn: „Diese Sachen waren so grauslig, so etwas kann es gar nicht geben."

Als ich mit den Filmen durch bin, mache ich mich an die Fotos. Ein Großteil der historischen Bilder liegt in den Archiven der Gedenkstätten, doch vieles ist inzwischen auch im Internet frei verfügbar.

Deshalb tippe ich Stichworte in die Suchmaschine und klicke mich durch die Ergebnisse. Mein Bildschirm wird zur Mauer in Grau, Schwarz, Weiß, ich sehe Stacheldraht und gestreifte Uniformen, dazwischen Tote und gerade noch Lebende. Und zwischen all dem taucht plötzlich das Bild von zwei Models auf. Ein Schnappschuss, vermutlich auf einer Party. Professionell lachen sie in die Kamera. Sie tragen schulterfreie Tops, ihre Haare rahmen üppig das markante Gesicht mit den hohen Backenknochen. Ihre Schultern und Oberarme sind spindeldürr, Rippen und Schlüsselbeine zeichnen sich unter der Haut ab. Was um Himmels willen hat dieses Foto in meiner Recherche über den Holocaust zu suchen? Die Antwort liegt in der Bildunterschrift.

„Holocaust-Überlebende freuen sich über ihre Befreiung aus dem KZ“, schreibt ein Witzbold.

Aba hat erzählt, dass er nach der Befreiung gerade mal 38 Kilo gewogen hat. Sein Körper muss dem dieser Models sehr ähnlich gewesen sein. Ob Aba über einen solchen Witz lachen könnte? Vielleicht. Zuzutrauen wäre es ihm.

Fast habe ich es geschafft. Als letzten Schritt meiner Recherchen durchforste ich aktuelle Filme, die sich um Aufarbeitung und Andenken drehen. Lisa macht mich auf eine Reportage aufmerksam, die israelische Jugendliche auf ihrem Schulausflug nach Auschwitz begleitet. In blau-weiße Flaggen gehüllt, stehen die Schülerinnen und Schüler am ehemaligen KZ-Gelände, stützen sich gegenseitig, hängen sich in den Armen. Ein paar Mädchen lesen Texte über blutende Babys vor, die in den Staub getreten werden, sie weinen und schreien. Eine der Jugendlichen wirft sich aufgelöst zu Boden: „Die Erde, sie begräbt mich! Die Asche der Toten!“ Die Aufführung ist eine Gedenkfeier zu Ehren der Holocaust-Opfer, und ich kann nicht beurteilen, wie viel davon Schauspiel und wie viel in diesem Moment echte Emotion ist. Doch am Ende sind alle fertig und aufgelöst, sie wirken traumatisiert und überfordert.

Mir geht es ähnlich. Ich hab die Nase voll. Warum sollte man sich überhaupt mit dieser schrecklichen Zeit beschäftigen? Macht es aus den Kindern bessere Menschen, wenn man sie mit Horrorgeschichten erschreckt? Wenn man sie zum Weinen bringt und ihnen sagt, zu welchen Grausamkeiten andere Menschen fähig sind? Wir wissen aus Studien, was die tägliche Beschäftigung mit negativen Gedanken in uns Menschen auslöst: Wir werden misstrauischer, wir vermuten Böses im Gegenüber, und wir ziehen uns zurück. Wir werden krank. Ist es das, was wir lernen sollen aus der Geschichte? Dass wir uns nicht trauen können? Dass der Mensch „des Menschen Wolf" ist, ein Monster, und man gut daran tut, seine Deckung zu wahren?

Die vergangenen Tage waren harter Stoff, und wieder einmal bin ich an dem Punkt angelangt, wo ich das gesamte Projekt in Frage stelle.

Selbstverständlich, sage ich mir, muss man sich erinnern. Aber warum? Darauf weiß ich keine Antwort. Und ich merke, wie falsch ich vor Kurzem noch gelegen bin. Ich dachte, für Lisa gäbe es kein Entkommen. Und jetzt sitz ich selbst in der Falle, jeder Gedanke dreht sich um Schuld und Verantwortung, ich beginne sogar, nachts davon zu träumen. Und so kommt es, dass ich bei jeder möglichen Gelegenheit die Menschen in meiner Umgebung frage:

„Warum sollte man sich an den Holocaust erinnern?"

Die Reaktionen fallen allesamt ähnlich aus. Irritation. Kopfschütteln. Es ist, als ob ich gefragt hätte, ob man sich regelmäßig waschen soll.

Selbstverständlich!

Niemals vergessen!

Ich verstehe die Irritation. Normalerweise kommen Fragen wie diese aus dem rechten Eck. Doch es geht mir nicht um Verdrängung oder Verleugnung. Ich habe das Gefühl, dass es meine Pflicht ist, nicht zu vergessen. Aber ich weiß nicht mehr, wieso. So, wie wenn man beginnt, darüber nachzudenken, wo sich im Auto eigentlich Bremse und Gas befinden, und man mit einem Mal nicht mehr Autofahren kann. Bis jetzt war das alles selbstverständlich. Jetzt, wo ich im großen Stil eine Antwort darauf geben soll, macht es keinen Sinn mehr.

Ich komme nicht zur Ruhe. Ich liege zu Hause auf der Couch, die Kälte des Winters kriecht durch die Fenster unserer Altbauwohnung, und mir läuft die Zeit davon. Michael sitzt am Esstisch und liest. Ich stelle meinem Mann dieselbe Frage, die mich die vergangenen Tage überallhin begleitet hat und die sich abgenützt hat, kaum etwas Fragendes ist darin mehr vorhanden, viel eher ist es aus Buchstaben verknotete Resignation, verziert mit einem Fragezeichen.

Und er sagt: „Ich glaube, weil wir nur ein Menschenleben zur Verfügung haben. Achtzig, vielleicht neunzig Jahre. Das ist nicht viel. Die einzige Möglichkeit, über meinen eigenen Horizont hinauszukommen und zu lernen, besteht darin, mir anzuschauen, wie es andere vor mir gemacht haben. Der Blick zurück gibt mir die Möglichkeit, über mich hinauszuwachsen."

Er lächelt mich an und fügt noch hinzu:

„Über mein kleines, mickriges Leben."

Ist das meine Antwort? Sie klingt gut. Sie ist noch nicht vollständig, aber sie gibt mir einen Weg vor. Damit kann ich weiterarbeiten. Und ich gebe den Widerstand auf und akzeptiere: Für jetzt und heute ist das meine Antwort.

~~ZEHN~~

ICH HAB IM MOMENT EINDEUTIG DIE BESSERE RECHERCHE-AUFGABE.

Während Lilly sich mit dem Tod beschäftigt und grauenvolle Archiv-Bilder durchforstet, beschäftige ich mich mit dem Leben, mit dem jungen Leben. Wir wollen die Verbindung schaffen – zwischen den Holocaust-Überlebenden und Jugendlichen, die über die Geschichte dieser Menschen lernen. Es gibt nur mehr wenige, die den Holocaust am eigenen Leib erlebt haben, bald werden sie nicht mehr unter uns sein, das macht mich nachdenklich. Wie wird dieses Kapitel der Geschichte dann sein? Die Jugendlichen heute gehören zur letzten Generation, für die es noch möglich ist, mit Augenzeugen dieser grauenvollen Zeit direkt zu sprechen.

Wie können wir also mit Jugendlichen in Kontakt treten? Wir haben im Jänner einen Dreh in der Gedenkstätte im ehemaligen KZ Mauthausen, und ich beschließe, dort nachzufragen, ob an diesem Tag Schulklassen angemeldet sind. Und tatsächlich – es sind mehrere Klassen für Führungen gemeldet. Ich gebe meine Kontaktnummer weiter und bitte, dass sich die Lehrer und Lehrerinnen mit mir in Verbindung setzen. Ich möchte nachfragen, ob in den Klassen aus Oberösterreich und Tirol Jugendliche sind, die ihre Eindrücke mit uns teilen würden. Ein kleines, nicht unwichtiges Detail kommt mir dabei in die Quere – die Weihnachtsferien.

Erst kurz vor unserem Dreh in Mauthausen bekomme ich die Zusage von mehreren Schülern, sie wollen sehr gerne bei unserem Projekt mitmachen. Die Jugendlichen sind zwischen 13 und 17 Jahre alt, ich brauche also noch die Einverständnis-Erklärung der Eltern, dass wir die Gespräche mit ihren Kindern veröffentlichen dürfen. Lilly und ich haben uns für die Jugendlichen eine besondere Gestaltungsform ausgedacht. Wir wollen mit ihnen keine klassischen Interviews führen, denn oft wird man gehemmt, wenn eine Kamera auf einen gerichtet ist und einem eine Reporterin ein Mikro unter die Nase hält. Wir beschließen, dass die Jugendlichen ihre Eindrücke über ihre Smartphones festhalten sollen. Eigentlich ganz einfach. Eine Art Video-Tagebuch, bei dem man ungestört seine Gedanken und Eindrücke loswerden kann.

Lisa Gadenstätter beim Dreh in der KZ-Gedenkstätte Mauthausen

Wenige Tage später treffen wir die Jugendlichen in Mauthausen. Sie steigen aus Reisebussen aus, mit Turnschuhen, Hauben und großen Rucksäcken. Ein Geschnatter aus lustigen, aufgeregten und lauten Stimmen bewegt sich auf die KZ-Gedenkstätte zu. Ich erinnere mich zurück an meine Schulzeit. Ich war mit der Schule nie in Mauthausen. Jahrelang hat mich das auch nicht beschäftigt, es kam mir nicht eigenartig vor, dann habe ich begonnen, zu hinterfragen, warum wir eigentlich nie ein ehemaliges KZ besucht haben. Eine Antwort habe ich nicht gefunden. Auch heute ist ein Besuch für Schulklassen freiwillig. Manche machen es, manche nicht. Immer wieder wird darüber diskutiert, ob so ein Besuch Pflicht werden sollte. Vor allem in Deutschland ist das, nach zahlreichen antisemitischen Vorfällen, großes Thema. Erinnerung zur Pflicht zu machen, das ist allerdings nicht unumstritten und könnte dazu führen, dass sich Schülerinnen und Schüler dem Thema endgültig verschließen, warnen Experten.

Mitte zwanzig habe ich jedenfalls beschlossen, mir die KZ-Gedenkstätte Mauthausen anzuschauen. Ein für mich bedrückendes Erlebnis.

Sehr viele Jahre später stehe ich also wieder vor den gigantischen Steinmauern und dem Furcht einflößenden Eingangstor. Der stürmische Wind treibt mir den Sand in die Augen, ich schaue auf die unbefangenen Jugendlichen. Worüber haben sie sich wohl auf der Fahrt unterhalten? Über Probleme mit Klassenkollegen, den Eltern oder über die erste Liebe? Haben sie über schlechte Noten gesprochen, über Mobbing in der Schule oder darüber, dass der Handyakku wieder mal leer ist?

Während sie sich immer weiter dem Besucherzentrum nähern, sehe ich Esther, Aba und Jehuda vor meinem geistigen Auge. Als sie in Konzentrationslager gebracht wurden, waren sie genauso alt wie die Schülerinnen und Schüler, die jetzt über die Geschichte des Holocaust lernen werden.

In meinen Gedanken sehe ich plötzlich Aba zwischen den Jugendlichen auftauchen. Wie er den weiten Weg vom Bahnhof bis zum Konzentrationslager zu Fuß gehen musste. Im Winter. Angetrieben von Angst und Schlägen. Vor diesem Tor ist er gestanden, damals, vor mehr als 70 Jahren.

Was bedeutet es wohl für die Jugendlichen von heute, hier in diesem ehemaligen KZ zu sein? Ist das etwas, was sie bedrückt, oder ist es einfach nur Geschichte? Ich hoffe, dass wir das durch unsere Videos herausfinden werden. Ich stemme mich gegen den kalten Wind und bewege mich auf die Gruppen zu, um ihnen nochmals persönlich unsere Idee mit den Smartphones zu erklären. Aufmerksam und neugierig hören mir die Schülerinnen und Schüler zu, die Smartphones in Händen. Eine junge Frau mit kurzen roten Haaren steht neben der Gruppe. Sie wird die Jugendlichen heute durch die KZ-Gedenkstätte leiten. Nach einer kurzen Einführung geht's los. Vom modernen neuen Gebäude, in dem noch alles leicht und lustig war, hinein in die Vergangenheit, durch das große, schwere Eingangstor ins ehemalige KZ. Plaudernd sehe ich die Gruppen verschwinden. Ein paar Mal werden sie heute noch unsere Wege kreuzen.

MAUTHAUSEN

Mauthausen war das erste Konzentrationslager der Nationalsozialisten in Österreich. Die Nazis suchten sich den Standort Mauthausen aus, weil sich dort große Granitsteinbrüche befanden. 1938 wurden die ersten Gefangenen aus dem KZ Dachau nach Mauthausen überstellt. Die Männer wurden gezwungen, ihr eigenes Lager zu errichten und den Steinbruchbetrieb aufzubauen. Über die sogenannte „Todesstiege" mussten die Häftlinge Granitblöcke über 186 Stufen nach oben schleppen.

1939 wurde in Gusen nahe Mauthausen das zweite Konzentrationslager errichtet, es ging 1940 offiziell in Betrieb.

Nach Kriegsbeginn wurden Menschen aus ganz Europa und aus mehr als 40 Nationen in das KZ Mauthausen verschleppt. Mauthausen und Gusen waren in dieser Phase die Konzentrationslager mit den härtesten Haftbedingungen und der höchsten Todesrate. Ab 1941 baute die SS in Mauthausen eine Gaskammer und andere Einrichtungen zur systematischen Ermordung größerer Personengruppen.

Je länger der Krieg dauerte, umso mehr wurden die Häftlinge als Zwangsarbeiter für die Rüstungsindustrie eingesetzt. Gegen Kriegsende wurden Häftlinge aus anderen Lagern hierher deportiert, zehntausende Menschen kamen über die „Todesmärsche" nach Mauthausen. Die Lager waren überfüllt, es grassierten Krankheiten, die Versorgung war mangelhaft. Wenige Monate vor der Befreiung kam es deshalb zu einem Massensterben unter den Häftlingen.

Zwischen 1938 und 1945 waren etwa 190.000 Menschen im KZ Mauthausen und seinen Außenlagern inhaftiert. Mindestens 90.000 Personen wurden getötet.

ELF

ALLEINE SIND WIR NICHTS, VIELLEICHT EIN SCHREI, EIN DUCKEN, IM BESTEN FALL EIN NAME.

Gemeinsam wiegen wir die Welt und zwingen den härtesten Stein zum Nachgeben. Wie viele Menschen hat es gebraucht, um auf den Stufen hier im Keller von Mauthausen Fußabdrücke zu hinterlassen? Reichten die vielen tausend, die in die Verliese gesperrt wurden und ins Gas gingen? Oder sind die Abdrücke, auf deren Spuren ich heute meine eigenen Füße setze, von den Jahrzehnten danach, von den Trauernden und den Schaulustigen, von denen, die es sich anschauen müssen, und jenen, die nicht anders können? Damals, bei meinem ersten Mal hier, war es ein Muss. Eine Exkursion mit der Schule. Und ich erinnere mich, wie heiß es damals gewesen ist. Die Sonne im Nacken, standen wir im Steinbruch beim Teich, und ich dachte: Das wäre der beste Ort für ein Lagerfeuer, wäre es nicht der schlimmste Ort.

Heute, 25 Jahre später, klirrt das Gebäude vor Kälte. Der Eiswind an diesem Jännertag hat es in sich. Und sogar hier, im Keller zwischen den Krematorien, friere ich. Die anderen sind schon weitergegangen. Ich bin allein. Zügig wandere ich durch die Räume und suche nach Drehorten, nach möglichen Nahaufnahmen oder nach Details, die für sich sprechen. Die Gebäude sind gut erhalten, vor allem die Mauern des Haupttrakts stehen fest wie ein Fels. Sie wurden von KZ-Häftlingen gebaut. Material gab es genug, der Steinbruch war ja nicht nur Teil der Anlage, war vielmehr der Grund, warum das Konzentrationslager genau hier in Mauthausen errichtet wurde. Häftlinge waren es auch, die die Arbeit in der Gaskammer erledigen mussten. Die die verkrampften Menschenknäuel aus ihrem verfliesten Grab zerren und zu den Krematorien schaffen mussten. Die die Öfen anheizen und alle Spuren beseitigen mussten. Die Nazis selbst machten sich die Finger nicht schmutzig. Alleine waren sie nichts, doch in Uniform, als Teil des großen Ganzen, das sie als Übermenschen auszeichnete, hebelten sie die Grenzen des Vorstellbaren aus. Effizienz, Gründlichkeit, Willkür und Terror, das alles gehörte zum Arsenal der Lagermacht. Und so brachten sie Häftlinge dazu, unter Todesangst andere hinzurichten, um ein paar Wochen später – weil sie „Mitwisser“ waren – von den nächsten Häftlingen hingerichtet zu werden. Um alle Spuren zu verwischen. Wie gut, denke ich, dass diese Mauern und die Krematorien noch stehen. Und dass die Gaskammer nicht zerstört wurde wie die in Auschwitz.

Ich versuche, konzentriert bei der Arbeit zu bleiben. Doch das Gruseln holt mich ein, treibt mich zum Ausgang. Wie viel Asche klebt noch an den Wänden? Wie viel Angst sitzt in den Ritzen der Steine? Ich will nicht länger hier sein. Das Ausstellungsdesign macht es mir leicht, ein dunkelgrüner Steg führt durch die Räume, milchiges Unterbodenlicht weist mir den Weg, vorbei an den vielen Fotos und Jahreszahlen und Namen, zumindest ein Name soll bleiben, mit Bohrern und Hämmern sind sie angekommen und haben ihr Gedenken in die Wände geschlagen, nichts anderes ist ihnen geblieben, kahle Mauern und quälende Gedanken, wie die letzten Minuten wohl gewesen sein müssen. Und ich husche durch das Dunkel der Gänge, vorbei an der Gaskammer, weg von hier, mit aller Kraft drücke ich mich gegen die schwere Eisentür, die nach draußen führt. Sie öffnet sich langsam, und das graue Tageslicht nimmt mich in die Arme, holt mich zurück ins Leben und klatscht mir den kalten Winter ins Gesicht. Heute Abend werde ich ein langes Bad nehmen.

Ich gehe schnell übers Gelände, der Kies knirscht unter meinen Stiefeln. Links neben dem großen Eingangstor mit seinen bedrohlichen Wachtürmen führt eine Treppe hinunter ins Untergeschoß des Haupttraktes. Zu den Wäschereianlagen und zu den Duschen. Auch daran kann ich mich erinnern. In diesen Raum einzutreten, die vielen Rohre an der Decke zu sehen, die verrosteten Duschköpfe, und zu denken: Hier wurden sie vergast. Mit meinen 14 Jahren wusste ich nicht viel darüber. Doch ich wusste, dass die Gefangenen sich ausziehen mussten und dachten, sie befänden sich in einer Dusche. Der Guide, der unsere Klasse damals begleitete, ließ sich Zeit damit, uns aufzuklären, dass das hier tatsächlich Duschen waren. Vermutlich wollte er die Dramatik erhöhen und unsere Sensibilität schärfen. Was ihm gelungen ist. Der Steinbruch und die Duschen sind die einzigen Dinge, an die ich mich erinnern kann.

Bernhard, ein Mitarbeiter des pädagogischen Teams, der uns heute zur Seite steht, nennt solche Methoden „Schockpädagogik".

„Und was soll das bringen, langfristig?", fragt er mich.

Mauthausen setzt inzwischen auf begleitete Rundgänge, wo die Jugendlichen die Orte teilweise selbst erkunden, einzeln, zu zweit, sich danach in der Gruppe wieder treffen und mit den Vermittlerinnen und Vermittlern besprechen, was sie wahrgenommen und gesehen haben.

Lisa steht im Vorraum zu den Duschen, sie wartet. Martin scheint noch mit der Kameraeinstellung beschäftigt zu sein. Ich höre, wie sie Bernhard von ihrem Interview mit Aba Lewit erzählt. Davon, dass er niemanden mehr rauskommen sah aus den Duschen und dachte, jetzt wäre es aus. Weil die Gefangenen „vorne rein, und bei der Hintertür wieder raus" seien.

Und Bernhard antwortet: „Hier gibt es keinen Hinterausgang. Und es hat nie einen gegeben."

Lisa und ich sehen uns an. Kann es sein, dass Aba sich vertan hat? Dass er Dinge durcheinanderbringt? Aber seine Beschreibungen waren so eindringlich, so klar.

Bernhard bemerkt unsere Reaktion.

„Versteht mich nicht falsch", sagt er, „ich möchte keinesfalls sagen, dass die Geschichte nicht stimmt. Aber wir haben das schon öfter gesehen. Erinnerungen verändern sich manchmal. Es war eine traumatische Zeit für die Menschen, die das erlebt haben. Inzwischen sind so viele Jahre vergangen. Und man hört Geschichten von anderen und baut die in seine eigene Erinnerung ein. Erinnerung kann sich auch ändern. Worum es geht, sind nicht die Einzelheiten. Ob es eine Tür gegeben hat oder nicht. Es gibt diesen Ort. Das hier war ein Konzentrationslager. Und das ist eine Tatsache."

Doch Lisa bleibt hartnäckig. Wurde die Tür vielleicht im Nachhinein entfernt? Zugemauert? Nein, nichts dergleichen. Bernhard sucht gemeinsam mit uns nach einer anderen Erklärung. Vielleicht war Aba nicht hierher in die Duschen gebracht worden, meint er, sondern wie so viele andere in den „Quarantänehof". Das war ein Platz, der mit einer Steinmauer vom restlichen Lager abgetrennt war und in dem sich die Baracken 16 bis 20 befanden. Hier wurden zum Beispiel Kranke von den übrigen KZ-Gefangenen getrennt. Alle neu eingelieferten Häftlinge mussten zwischen einer und drei Wochen in dieser Quarantäne verbringen, so sollte die Verbreitung ansteckender Krankheiten verhindert werden. Und die Häftlinge wurden hier auf das vorbereitet, was sie später im Lager erwarten sollte, den täglichen Terror, die Misshandlungen, sie wurden sozusagen daran gewöhnt und lernten überlebenswichtige Verhaltensregeln.

„Wo war das Quarantänelager?", fragt Lisa.

„Dort, wo jetzt ein Friedhof ist, am hinteren Ende des Appellplatzes."

Flora steht plötzlich neben uns. Sie telefoniert.

„Tom ist dran. Irgendetwas ist passiert", sagt sie.

Tom Gerhartl beim Dreh mit einer Drohne in der KZ-Gedenkstätte Mauthausen

Wir werden hellhörig. Tom ist mit seinem Equipment alleine am Gelände unterwegs, um Landschaft und Gebäude abzubilden. Die Klippen in Richtung Steinbruch fallen senkrecht ab. Und Tom ist berühmt dafür, Zäune zu ignorieren, trotz (oder gerade wegen?) seines doch schon leicht fortgeschrittenen Alters.

„Was ist los?“, fragt Martin.

Flora wedelt mit ihrem freien Arm seine Frage weg, hört weiter angestrengt zu.

„Wo?“, schreit sie ins Telefon. Alle warten.

Und dann beginnt sie, schallend zu lachen, die Kapuze rutscht ihr übers Gesicht, und sie stützt sich auf ihre Oberschenkel. Sie beendet ihr Telefonat. Und sagt:

„Die Drohne ist in den Baum geflogen. Drüben am Friedhof. Tom klettert grad rauf.“

ZWÖLF

UNSERE KONTAKTPERSON IN DER GEDENKSTÄTTE MAUTHAUSEN IST BERNHARD MÜHLEDER.

Er wurde 1981 in Linz geboren und ist in der pädagogischen Abteilung der KZ-Gedenkstätte Mauthausen und Gusen tätig. Seit zehn Jahren arbeitet Bernhard Mühleder als Vermittler, seit zwei Jahren ist er im Team der Pädagogik. 2001 hat er seinen Zivildienst in der KZ-Gedenkstätte Mauthausen absolviert. Mit ihm haben wir den Termin vereinbart, er hat begleitete Rundgänge für uns organisiert, bei denen wir dabei sein und filmen dürfen. Zuvor drückt er Lilly und mir ein Info-Blatt über die Gedenkstätte und die Vermittlungsarbeit in die Hand.

INTERVIEW MIT BERNHARD MÜHLEDER

Bernhard, ihr habt in der KZ-Gedenkstätte Mauthausen ein eigenes Konzept. Wie schaut die Vermittlungstätigkeit in Mauthausen aus?

Vielleicht darf ich mit der Zeit beginnen, als ich hier Zivildiener war.
Da war es so, dass wir wirklich eineinhalb Stunden mehr oder weniger Schocktherapie gemacht haben. So haben wir das damals gelernt bekommen. Da hat sich niemand Gedanken gemacht, wie man dieses Kapitel der Geschichte den Jungen näherbringen soll, da waren auch keine Pädagogen in der Gedenkstätte. Wir sind also zum Beispiel durch die Gaskammer gegangen und haben alles genau beschrieben. Was in den 15 Minuten passiert ist, in denen die Menschen in der Gaskammer gestorben sind. Wir haben das erzählt, was uns vorher erzählt wurde.
Für uns als 18-Jährige war es damals so: Wir haben uns umso cooler gefühlt, je grausiger und je ärger die Geschichten waren.
Die Rückmeldungen von den Lehrerinnen und Lehrern waren auch durchwegs positiv. Nur, gebracht hat das nicht viel, bzw. es hat vermutlich noch mehr Schaden angerichtet.
2008 wurde dann eine pädagogische Abteilung aufgebaut, da sind die ersten Ideen für dieses aktuelle Vermittlungskonzept entstanden. Man hat gesagt, weg von Schockpädagogik und den sogenannten „Leichenberg-Bildern" – die braucht man nicht, um etwas nachhaltig zu vermitteln. Sondern: Schauen wir, dass wir mit den Leuten ins Reden kommen, dass wir die Menschen, die hierherkommen, auch als solche wahrnehmen. Wir schauen, was die Besucher mitbringen an Informationen, an Fragen, und dann gehen wir darauf ein, nehmen das ernst und reden darüber. Wir halten keinen Vortrag, sondern diskutieren miteinander. Darum setzen wir auch Materialen ein, verschiedene Fotos, Texte, die zum Teil auch Irritationen auslösen. Zum Beispiel ein Hochzeitsfoto: Ein SS-Mann heiratet, aber direkt im KZ von Mauthausen. So etwas irritiert. Über solche Geschichten versuchen wir dann, über die SS und das Umfeld zu reden und zu erklären, wie das alles funktioniert hat und wie es zusammenhängt.

Bernhard Mühleder, Pädagogische Abteilung der
KZ-Gedenkstätte Mauthausen und Gusen

Warum seid ihr von der Schockpädagogik weggegangen? Was macht Schockpädagogik mit jungen Menschen?
Ich denke, dasselbe, was es bei uns Erwachsenen auch macht. Und auslöst. Wenn ich ein schreckliches Bild sehe, dann wirkt das sicher kurz, aber ich will mich damit dann nicht mehr beschäftigen. Und ich denke, genau das ist es. Wenn man irritiert ist und Fragen stellt, dann erzeugt es ein Mehr an Nachdenken bzw. stellen sich neue und mehr Fragen.

Wie nehmen die Lehrer diese Art der Vermittlung auf?
Durchwegs positiv. Es ist natürlich wie immer am Anfang, wenn man etwas umstellt und neu macht, dann gibt es natürlich immer welche, die auch sagen: Früher war das besser. Manche haben gesagt: Die Vermittler fragen so viel, und dann wissen die Schüler oft nicht, was sie drauf sagen sollen. Aber das sind Einzelfälle, mittlerweile tragen viele Lehrer unsere Arbeit mit und sehen es auch so wie wir, dass „Schockpädagogik" mehr verhindert als erreicht.

Die Vermittler zeigen jetzt auch andere Orte. Früher hat man zum Beispiel das Fußballfeld weggelassen, jetzt wird darüber gesprochen und gesagt, was hier passiert ist. Dass hier nämlich die SS gegen ganz normale Vereine Fußball gespielt hat. Warum ist es wichtig, diese Orte zu zeigen?
Früher waren diese sogenannten Außenbereiche nicht dabei. Man hat sich eigentlich nur den Bereich des ehemaligen Schutzhaftlagers angesehen, also da, wo die Häftlinge untergebracht worden sind, und man hat auch immer nur eine klassische Perspektive gezeigt. Nämlich die der Opfer. Vielleicht ein bisschen noch die Perspektive der SS. Uns ist es jetzt wichtig, dass wir die Perspektiven größer machen. Auch das Umfeld, das wird an diesem Ort des Fußballplatzes natürlich sichtbar. Weil man auch ins Leben, ins Umfeld, in die Gesellschaft hineinsieht. Nicht nur die Opfer werden sehr stark in den Mittelpunkt gestellt, sondern auch die Täter. Also diese drei Perspektiven – Täter – Opfer – Umfeld –, die sind uns sehr wichtig. Und wie diese drei miteinander funktioniert haben, und nicht nur jeder Bereich für sich.

Also auch um zu zeigen, dass die Täter keine „übermenschlichen Monster" waren, sondern im Prinzip Menschen wie du und ich.
Genau. Erstens das, und zweitens, dass die Menschen, die rundherum gewohnt haben, auch existiert haben. Es ist uns wichtig, zu zeigen, dass die Menschen, die hier gewohnt haben, das mitbekommen haben, und nicht, wie viele meinen, dass keiner etwas gesehen und gehört hat.

Wie werden die Vermittler ausgebildet?
Die Ausbildung findet an acht Wochenenden statt. Es gibt Leseaufträge, denn das Geschichtswissen muss man natürlich haben, damit diese Geschichte vermittelt werden kann. Daneben ist aber auch die Geschichtsdidaktik ein wesentliches Element der Ausbildung. Infolge werden die Vermittler und Vermittlerinnen hospitiert, das ist ein komisches Wort, aber das ist ein Teil der Qualitätssicherung. Wir gehen mit den Vermittlern mit, schreiben uns Dinge auf, die uns auffallen, positiv, negativ, dann setzen wir uns zusammen und reden darüber.

„Was hat es mit mir zu tun?" – Das ist die Überschrift eures pädagogischen Konzepts. „Was hat es denn mit mir zu tun?" – Was sagst du, wenn dich das jemand fragt?
Das ist keine Frage, die wir aussprechen – und ich bin das auch noch nie gefragt worden. Das ist unsere Leitfrage, die in unserem Hinterkopf drinnen ist. Aber es wäre total moralisierend, diese Frage so zu stellen. Wenn du mich das fragen würdest, dann würde ich dich fragen: „Überleg mal für dich selbst, vielleicht kommst du ja auf eine Antwort. Vielleicht hat dir dein Opa was erzählt." Diese Frage soll immer mitschwingen bei unserer Vermittlung. Das eigene Ich, dass es etwas mit unserer Geschichte zu tun hat, mit unseren Vorfahren, unseren Großeltern. Ich glaube, dass sich Jugendliche viele Fragen stellen – auch in die andere Richtung. Was soll das, mich interessiert das hier nicht. Aber sie trauen es sich nicht zu sagen. Wir gehen sehr offen mit den Schülern um, denn genau darum geht es, dass man auch über solche Gedanken redet.

Wann ist es für euch Vermittler ein guter Tag, wann sagt ihr: Das war heute erfolgreich?
Wenn ich sage: Die haben so viel geredet mit mir, die waren interessiert, die haben Fragen gestellt, dann ist das echt super. Unser Ziel ist ein Miteinander, ein Miteinander-Reden.

Ihr versucht auch, Fragen für die Gegenwart abzuleiten, für das Handeln im Hier und Jetzt – welcher Punkt der Vermittlung ist für dich wichtig?
Mir ist wichtig, dass nichts moralisierend ist. Darum bring ich selber selten Fragen ein, ich warte, bis was von den Schülern kommt, und mit dem mache ich dann was. Dann ist es nämlich nicht moralisierend, und es kommt nicht von mir, also sozusagen nicht von oben. 2015 hat es zum Beispiel viele Fragen durch die Krise in Syrien gegeben, da waren automatisch Bezüge da. Da redet man dann drüber. Von selber mache ich da wenig. Wenn man mit dem Zeigefinger kommt, dann ist es vorbei. Wir kennen das ja alle von uns selbst, wenn uns jemand mit Moral kommt, dann wird's schwierig.

DREIZEHN

DER TAG GEHT NICHT UND NICHT ZU ENDE.

Vor 12 Stunden haben wir uns auf den Weg gemacht. Und wir haben kaum gegessen. Wer isst schon auf einem Friedhof oder im Museum. Mauthausen kostet uns alle Energie, die wir haben. Doch mit jeder neuen Stunde verändert sich unser Verhältnis zu diesem Ort. Mit jeder neuen Aufnahme wird er mehr zur Kulisse, zur Arbeitsstätte.

„Wo kann man denn hier aufs Klo gehen?", frage ich und werde zum ehemaligen Quartier des Kommandanten geschickt. Dort sind jetzt die Toiletten und die Kaffeemaschine für die Besucher untergebracht. Zwei Reinigungskräfte, die mir Stunden zuvor schon mit Wischmob und Kübel in den Baracken begegnet sind, stehen in ihren Gummistiefeln vor der Tür und rauchen eine Zigarette. Es dauert eine Weile, bis ich mich aus den vielen Schichten geschält habe, die mich vor der Kälte schützen sollen. Als ich fertig bin und auf den kleinen Vorplatz komme, bemerke ich zum ersten Mal den atemberaubenden Ausblick, den dieser Platz bietet. Unter mir erstreckt sich das östliche Oberösterreich, ich sehe die Donau und die Enns, und zwischen dramatischen gelb-grauen Wolkentürmen verschwindet die Sonne am Horizont. Bald wird es dunkel sein. Die Schulklassen sind längst weg. Bernhards Dienst ist vorbei. Und auch die Arbeit von Lisa und mir ist getan, doch das Kamerateam sucht unermüdlich nach den besten Aufnahmen und hat sich noch einmal auf den Weg gemacht. Ohne uns. Lisa und ich bleiben im Bereich, in dem die SS früher untergebracht war, und warten.

Lisa geht die Treppen hinunter in den Hof. Sie verschwindet zwischen den Steinbögen, begutachtet das große Holztor, dreht ihre Runden inmitten der täuschenden, fast mittelalterlichen Romantik. Fehlt nur noch der wilde Wein und das Streichquartett, denke ich. Ich stehe zehn Meter über ihr, auf den Befestigungsmauern. Das steinerne Geländer links und rechts reicht mir bis zur Hüfte. Anfangs stehe ich nur da und betrachte die Landschaft. Doch die Kälte kriecht mir unter die Kleidung, nagt an meiner Haut, die sich zusammenzieht und mir die Härchen aufstellt. Schon wieder beginne ich zu frieren. Langsam wippe ich auf die Zehen und wieder zurück, mein Rhythmus wird schneller und schneller. Ich nehme die Arme mit. Vielleicht hilft es, meinen Körper abzuklopfen, denke ich und kreuze die Arme, schlage sie mir von den Schultern bis zu den Hüften auf die gepolsterten Schichten meiner Jacke. Doch ich friere noch immer. Ich hebe meine Knie, eins nach dem anderen, beginne im Stand zu laufen. Die Fäuste links und rechts laufen mit, die Anstrengung entlädt sich als Wärme, endlich wird es etwas erträglicher. Ich hüpfe. Springe. Mir wird langweilig auf meinem halben Quadratmeter, und ich beginne, die Mauern entlangzugehen, in schnellen Schritten und mit schwingenden Ellbogen. Vor mir erstreckt sich der schmale, betonierte Weg, von einem Wachposten zum nächsten. Ich marschiere, die Arme wie Scheibenwischer links und rechts. Und erst da wird mir bewusst, was ich grade mache. Ich gehe im Stechschritt die Mauern auf und ab. Und niemals hätte ich es für möglich gehalten, doch es fühlt sich großartig an. Verboten und gleichzeitig großartig. Denn es ist ein erhebendes Gefühl, die Welt zu meinen Füßen, der Ausblick, und mein windfahriger Körper so fest und sicher gehalten von den Mauern, auf diesem Luftsteig aus Granit. Genau so muss das gewesen sein als Soldat auf der versprochenen Gewinnerseite, als „Herrenrasse".

Das Unerträgliche beim Gedanken an den Krieg und an den Holocaust, das sind ja nicht nur die monströsen Taten, sondern vor allem das Wissen darum, dass es ganz gewöhnliche Menschen waren, die diese Taten begangen haben. Männer und Frauen von nebenan. Väter und Mütter, die ihre Kinder geliebt haben. Junge Mädchen, denen langweilig war. Und Burschen, die sich beweisen wollten. Wir reden viel von den katastrophalen Bedingungen, die zum Krieg geführt haben, von der Arbeitslosigkeit und vom Hunger und vom politischen Wirrwarr davor. Aber wir reden selten davon, dass diese Katastrophen aus den Menschen keine Monster gemacht haben. Sondern dass sie trotz allem ganz gewöhnliche Menschen geblieben sind. Mit ihren Wünschen, mit ihren Ängsten, auch mit ihrer Liebenswürdigkeit. Die Fotoalben der SS-Männer, die in Konzentrationslagern gearbeitet haben, beweisen es. In holzvertäfelter Gemütlichkeit wurde gesungen und gelacht, einer spielte Ziehharmonika, und die Frauen, rotwangig, mit perfekt aufgedrehten Locken, warfen den Kopf in den Nacken und tanzten. In emotionalen Briefen schrieben sie an ihre Liebsten zu Hause, wie sehr sie sich nach ihnen sehnten. Und ein paar Stunden später legten sie die Gewehre an.

VIERZEHN

WIR SIND AUF DEM RÜCKWEG NACH WIEN.

Es war ein anstrengender Drehtag in Mauthausen – und er hat mich belastet. Jetzt bricht die Dunkelheit über uns herein, als wir auf der Autobahn Richtung Wien fahren, die Regentropfen hämmern gegen die Windschutzscheibe. Ich hänge meinen Gedanken nach, bin mit meinem Kopf noch immer zwischen den Steinmauern mit Stacheldraht. An jeder Ecke des ehemaligen Konzentrationslagers hat mich mein Interview mit Aba eingeholt, seine Erzählungen über seine Zeit in diesem Lager. Am meisten denke ich über den Gang über den Appellplatz nach. Ich habe diesen riesengroßen Platz vor Augen, auch jetzt noch, im Auto. Am Anfang das große Eingangsgebäude, das Haupttor des KZ mit seinen großen Wachtürmen. Links und rechts grünlich-türkise Baracken. Auf diesem Appellplatz mussten die Häftlinge antreten, sie wurden gezählt, mussten ihre Anweisungen für den Tag entgegennehmen. Am Abend wurden sie hier wieder gezählt. Und waren oft um einige weniger. Viele Männer überlebten die strapaziöse Arbeit nicht. Nach der Zählung, die oft nervenaufreibend lang dauern konnte, wie Überlebende berichten, bekamen die Häftlinge etwas, das wohl Essen sein sollte. Aba hat von Brot berichtet, gemischt mit Sägemehl.

Wir haben auf diesem Appellplatz einen unserer „Zeitsprünge“ gedreht. Das heißt, wir haben ein Bild mit mir nachgestellt, das zwischen 1942 und 1944 (genau weiß man das nicht) auf dem Appellplatz aufgenommen wurde. Auf diesem Bild sind hunderte Häftlinge zu sehen, die von SS-Soldaten gezwungen wurden, den Hitlergruß zu machen. Ein paar weigerten sich, ein paar hoben die falsche Hand, ein paar zeigten in die falsche Richtung oder blickten direkt in die Kamera. Widerstand in der schrecklichsten Zeit des Lebens. Woher haben die Menschen diesen Mut genommen? Oder war es Verzweiflung, weil man eh nichts mehr zu verlieren hatte?

Ein kräftiger Windstoß schreckt mich auf, das Auto macht einen Hüpfer nach links. Ich umklammere das Lenkrad mit meinen Händen, die noch immer kalt sind. Wieder versinke ich in Gedanken.

Häftlinge beim Lagerappell, das Foto wurde von der SS aufgenommen, zwischen 1942 und 1944

Ich stand auf diesem Appellplatz, wo vor mehr als 70 Jahren die Häftlinge standen. In der fertigen Doku wird mein Gang dann mit der Original-Aufnahme überblendet. Dort, wo ich in der Gegenwart ging, war die Vergangenheit für so viele Menschen tödlich. Schritt für Schritt bewegte ich mich vorwärts, doch plötzlich hörte ich Lilly rufen. Das Gespräch drängt sich erneut in meine Gedanken.

„Lisa, bitte komm mal her!"

Ich drehte mich um und steuerte hastig auf Lilly zu, die am Beginn des Appellplatzes stand, gleich nach dem Eingangstor.

„Du gehst zu schnell. Es wirkt, als ob du es einfach hinter dich bringen möchtest, das ist nicht gut", sagte sie.

Sie hatte recht. Es war mir in diesem Moment nicht bewusst, wo und mit welcher Haltung ich mich hier bewegte. Eine Kleinigkeit, aber genau solche Anweisungen machen diese Produktion aus. Lilly geleitete mich durch meine Arbeit, was für ein Glück, sie als Regisseurin zu haben.

Ich ging nochmals los. Jetzt hörte ich den Klang meiner Schritte, den kalten Wind, der mir um die Ohren pfiff. Und das Kreischen der Krähen, die in den Bäumen saßen.

Und plötzlich passierte etwas, das mir auch jetzt noch, im Auto einen Schauer über den Rücken jagt. Als ich so ging und links und rechts auf die Baracken schaute, hatte ich plötzlich das Gefühl, Gesichter in den Fenstern zu sehen. Als würden mich all die Menschen, die hier gelitten hatten, anschauen. Ich zog unbewusst die Schultern hoch, fühlte, wie sich eine Gänsehaut auf meinen Unterarmen bildete und sich die feinen Härchen aufstellten. Wie muss ich diese Gefühle, diese Bilder einordnen? Bin ich zu tief in der Geschichte versunken? Ich ging zurück zu Lilly, Martin und Flora.

„Das war genau richtig", sagte Lilly. „Jetzt hat man gespürt, dass dir bewusst ist, wo du gehst."

Ein schwarzer Van, der auf der Überholspur vorbeifährt, reißt mich aus meinen Überlegungen. Es sind Martin und Flora. Der Regen trommelt noch immer auf die Windschutzscheibe. Wenn *mich* die Erlebnisse von Mauthausen schon so mitnehmen, wie geht es dann wohl den Jugendlichen, die wir gebeten haben, ihre Gedanken mit uns zu teilen?

Ein Handy klingelt. Es ist Lillys, sie telefoniert mit ihrer kleinen Tochter. Die hat offenbar gerade das Wort „Hallo" gelernt, sagt es immer und immer wieder ins Telefon. Lilly antwortet und lacht. Mich rührt dieses Gespräch zwischen Mutter und Tochter, und es vertreibt meine trüben Gedanken.

Die nächsten Tage verbringen wir im Büro. Wir warten ungeduldig darauf, ob uns die Jugendlichen, die wir in Mauthausen getroffen haben, Videos schicken werden. Haben sie uns ernst genommen, oder war es ihnen dann im Endeffekt doch zu mühsam?

„Ich hab die ersten Videos!", höre ich Lilly plötzlich rufen. Wir laden sie herunter, öffnen sie. Ich erinnere mich vor allem an die 13-jährige Liliane. Wir haben die Klassen gefragt, wer für uns einen „Aufsager" machen möchte. In der Fernsehsprache heißt das, dass ein Mensch einen Text direkt in die Kamera spricht und uns erzählt, was gerade passiert. In unserem Fall eben ein Aufsager in die Kamera eines Smartphones.

Liliane aus Oberösterreich hat sich als Erste gemeldet. Sie steht mit ihrer Klasse voller Eifer vor einem Modell der Gedenkstätte. Während die Vermittlerin den Kindern erklärt, wie das ehemalige Konzentrationslager aufgebaut war, nimmt Liliane ihr Handy. Mit ihrem großen Rucksack auf dem Rücken spricht sie, zuerst ein bisschen verlegen, dann fröhlich und voller Aufregung: „Hallo, ich bin mit meiner Klasse hier in der Gedenkstätte Mauthausen. Ich freu mich auf diesen Tag, weil ich glaube, das wird sicher sehr interessant."

Ich erinnere mich an diesen Moment und an die positive Ausstrahlung und Freude dieses Mädchens. Jetzt, ein paar Tage später, öffne ich ihr File, das sie uns geschickt hat. Und ich bin zutiefst berührt. Ich sehe Liliane, ein paar Stunden nach ihrem Aufsager.

Sie kommt gerade aus der ehemaligen Gaskammer und spricht voller Entsetzen und Unverständnis in ihr Handy. „Wir waren gerade in der Gaskammer und bei den Brennöfen. Und es hat mich wirklich schockiert, weil ich kann's einfach gar nicht glauben, dass es mal wirklich passiert ist. Dass es Menschen passiert ist. Oder dass Menschen das anderen Menschen angetan haben. Dass das echt ist. Es kommt mir irgendwie nicht so vor, ich weiß es und … ja … ich kann's gar nicht so richtig beschreiben, die Gefühle."

Die Leichtigkeit des Anfangs ist verschwunden. Und nicht nur Liliane geht es so. Mit jedem Video, das ich auf meinem Computer öffne, erkenne ich, was diese Jugendlichen bei ihrem Besuch erkannt haben. In ihren Gesichtern, in ihren Stimmen liegt Betroffenheit. Und Unverständnis. So haben sie sich das nicht vorgestellt. Man kann noch so oft im Geschichtsunterricht von dieser Zeit erzählt bekommen, es in Geschichtsbüchern lesen oder in Filmen sehen. Aber an den Ort des Geschehens zu kommen, es mit eigenen Augen zu sehen, ist etwas ganz anderes. Das prägt. Die Jugendlichen stehen im Wind oder drängen sich in eine Ecke, weil es so kalt ist, und erzählen in ihre Smartphones, was sie gesehen haben und was dieses Gesehene und Gehörte mit ihnen gemacht hat. Mir gehen diese Videos sehr zu Herzen. Wir haben den Jugendlichen auch Fragebögen mitgegeben und sie um Antworten gebeten. Sie sollen sie aufnehmen, wenn sie sich danach fühlen, in ihrem eigenen Zimmer, einfach ins Handy gesprochen. Es sind ehrliche und authentische Gedanken. Ohne viel Schnickschnack haben die Jugendlichen in die Kameras gesprochen, mit Zahnspangen im Mund, vor einem Plakat der Österreichischen Fußball-Nationalmannschaft oder mit der noch stehen gelassenen Weihnachtsdekoration im Hintergrund.

Diese Antworten und Überlegungen der Jugendlichen zwischen 13 und 17 Jahren berühren mich, und sie zeigen mir vor allem, wie eingehend sich diese jungen Menschen mit der Geschichte und der Jetzt-Zeit auseinandergesetzt haben. Hier ein paar Auszüge der Gedanken:

WARUM IST ERINNERN WICHTIG? Anna

„Es klingt zwar jetzt blöd, aber die, die dabei waren, die werden immer weniger, bzw. es gibt sie nicht mehr, und je weniger man sich damit beschäftigt, desto größer ist die Chance, dass es wieder passiert. Und 1945 ist jetzt für mich auch nicht so lange her. Das sind nicht mal hundert Jahre, wo das passiert ist. Und deshalb glaube ich, je mehr man redet und je mehr man darüber weiß, desto geringer ist die Chance, dass es nochmals passiert."

WARUM KONNTE DAS PASSIEREN? David

„In Religion beschäftigen wir uns gerade sehr intensiv mit Manipulation – und ich glaube, das hat sehr viel mit Manipulation zu tun, weil die Menschen früher einfach sukzessive manipuliert worden sind. Also es hat alles kleiner angefangen, und das hat sich einfach immer weiter gesteigert, bis es dann ein Ausmaß erreicht hat, wo es einfach unvorstellbar war. Ich glaube, die Menschen, die diese grausamen Taten ausgeführt haben, die haben das später dann einfach nicht mehr mitbekommen, was sie wirklich tun. Sie waren einfach wie ferngesteuert und manipuliert durch die nationalsozialistische Propaganda."

WARUM HABEN SO VIELE MITGEMACHT? Jolanda

„Ich glaube, das war deshalb, weil sich jeder vor Hitler gefürchtet hat. Also ein paar haben ihn ja cool gefunden, den Hitler, und dann, wenn man sich dagegen aufgelehnt hat, dann ist man selber in so einem KZ gelandet oder umgebracht worden. Und deshalb glaube ich, haben sie sich lieber angeschlossen."

WARUM KONNTE DAS DAMALS PASSIEREN? Anna

„Ehrlich gesagt, weiß ich es nicht ganz genau. Aber ich glaube, es ist schwierig, sich in die Situation der Leute, die da mitgemacht haben, hineinzuversetzen. Als Jugendlicher heutzutage ist das ziemlich schwierig. Wie würden wir jetzt in dieser Situation reagieren? Ich glaube, die Leute wollten einfach keine Verantwortung tragen und immer alles auf den

Hitler schieben. Das machen wir heute auch noch. Man sagt immer: der Hitler, der Hitler. Aber allein hätte er das nicht geschafft. Da gehören immer mehr dazu, würde ich sagen. Und ich glaube, dass die Leute damals ziemlich unzufrieden waren mit ihrem Leben und der ganzen Situation – die wollten einfach was ändern bzw. was anders haben in ihrem Leben. Und man schiebt es am besten einfach immer auf andere Leute – und so kann man dann, glaube ich, auch mitmachen. Dass man einfach sagt: Ja, ich bin ja nicht schuld."

KÖNNTE ES WIEDER PASSIEREN? Cosma

„Das ist eine schwere Frage. Ich weiß nicht, ob man sagen kann, dass etwas so wieder passieren würde. Es würde natürlich ganz anders ablaufen. Wir leben in einer ganz anderen Zeit, Konflikte werden größtenteils anders ausgetragen. Es kann vielleicht nicht in exakt dem gleichen Ablauf passieren, aber natürlich könnte es jederzeit passieren, dass auf einmal eine Mehrheit sagt: Und jetzt sind wir gegen diese bestimmte Minderheit. Ich weiß nicht, ob die Leute inzwischen mehr dagegen tun würden. Ich weiß es wirklich nicht. Weil keiner weiß, wie es in dieser Situation wäre. Wir haben es persönlich nie erlebt, wir kennen nur Geschichten."

KÖNNTE ES WIEDER PASSIEREN? Katharina

„Ich denke, dass es wieder passieren könnte. Weil Menschen unberechenbar sind, weil Leute mit großem Einfluss den auch negativ ausnützen können. Was eh passiert, viele Leute mit großem Einfluss fließen eher negativ auf die Welt und die Gesellschaft ein. Aber ich hoffe, dass es dann eben Leute gibt, die sich dagegen auflehnen, die das nicht akzeptieren, die streiken, die, wenn es passieren sollte, dagegen sind und das nicht einfach so hinnehmen, wie das damals war. Und ... ja ... ich seh jetzt nicht so den Unterschied zwischen damals und jetzt, was die Gesellschaft angeht. Also natürlich leben wir bewusster mit dem Thema, und wir wissen, wenn so etwas passiert, das in diese Richtung gehen könnte – hoffentlich können wir das erkennen und stoppen. Aber wenn wir es nicht erkennen, könnte es meiner Meinung nach schon wieder passieren."

FÜNFZEHN

DIE HANDYVIDEOS SIND GROSSARTIG.
IMMER WIEDER SCHAUE ICH SIE MIR AN.

Wir haben einen Schatz in unseren Händen, denn diese Filme sind echt, sie sind direkt, und sie zeigen mit voller Wucht, was Mauthausen ausmacht: Betroffenheit, die einem die Sprache verschlägt.

Eines der Videos nimmt mich gefangen. Die Audioqualität ist schlecht, weil der Wind die Worte davonträgt, deshalb drehe ich lauter, springe vor, zurück, schaue es noch einmal an. Tippe das, was der junge Mann sagt, in meinen Computer. Etwas liegt im Blick des Buben. Eine Ernsthaftigkeit, die ich im ersten Moment nicht deuten kann. Er ist dunkelhäutig, und seine blaue Haube leuchtet, wie er da vor der grauen Mauer steht. Er sagt in breitem oberösterreichischem Dialekt:

„ ... und es ist erschreckend, dass man Menschen, nur weil sie andere Merkmale haben oder eine Minderheit sind, so in ein Konzentrationslager eingesperrt hat."

In dem Augenblick weiß ich, dass er es weiß.

Ich frage mich, wie seine Kindheit verlaufen sein mag, wie oft man ihm – subtil oder ganz offensichtlich – zu verstehen gab, dass er anders aussieht, anders ist als die anderen, die „Normalen“, wie oft schon die Grenzen des „wir“ enger gezogen wurden und er keinen Platz mehr darin fand. Vielleicht hat er die mörderischen Begriffe „Rassenreinheit“, „Arierblut“ und „Umvolkung“ noch nie gehört, vielleicht ist er im Geschichtsunterricht noch nie mit der „Selektion“ konfrontiert worden. Doch in diesem Moment sehe ich es in seinen Augen, die nervös abschweifen, den Stacheldraht entlang, über die Mauern. Ich sehe, dass er es nicht wissen muss, um zu verstehen. Er spürt, was es bedeutet, dieses gefährliche Bedürfnis der „Mehrheitsgesellschaft“, unter sich bleiben zu wollen. Dieser Wunsch, alles Andersartige, Irritierende, Störende einfach wegzuschieben. In letzter, tödlicher Konsequenz führt dieser Wunsch genau an diesen Ort.

ELISABETH

~~SECHZEHN~~

DICHT GEDRÄNGT STEHEN WIR IM TRANSFER-BUS AM FLUGHAFEN IN TEL AVIV.

Wir sind gerade angekommen, und mit unseren Trolleys zwängen sich Lisa und ich in die Mitte, auf der Suche nach einem Haltegriff. Klein zu sein bietet manchmal Vorteile; in einem vollgestopften Bus ist das nicht der Fall.

Der junge, sehr große Mann, der neben Lisa steht, begrüßt uns – vermutlich aus einer Art Reflex heraus, wenn man so Arm an Arm steht. Dann schaut er Lisa nochmal an. Und nochmal. Und dann sagt er:

„Woher kenne ich Sie?"

Ich beneide sie nicht um diese Situation. Gerade noch haben wir uns sehr privat gefühlt und über Urlaubserinnerungen gesprochen. Mit diesem Satz sind die Scheinwerfer angegangen.

Lisa steht mehr oder weniger unter seiner Achsel, schief schaut sie zu ihm rauf und sagt:

„Keine Ahnung. Vielleicht haben wir gemeinsame Freunde?"

„Nein, nein." Der Mann schüttelt den Kopf.

„Ich kenne Sie aus dem Fernsehen. Kann das sein?"

„Ja, das kann sein. Ich moderiere die Nachrichten auf ORF-eins."

Ah, genau, jetzt weiß er es wieder, und er freut sich, auf dieser Reise einen „Celebrity" zu treffen. Er hat keine Hemmungen, Lisa weiter auszufragen – wie sie gleich nochmal heiße, warum sie hier sei usw. –, und Lisa, eingezwängt, wie sie dasteht, gibt freundlich Auskunft. Jetzt hat sie einen Fan mehr, denke ich.

Und dann erzählt er uns noch, dass ungefähr 80% der Fluggäste hier im Bus zur selben Bar Mitzwa fahren. Drei Tage Party stehen am Programm. Hinter ihm beginnen zwei Typen zu singen. Was für eine Begrüßung, Israel!

Am Flughafen suchen wir nach den Taxiständen. Wir sind gut gewappnet: Freunde haben uns vorgewarnt, dass vor allem im Taxi der Orient hier stark zu spüren sei. Alle wollen sie handeln!

„Lasst euch nicht abzocken", meinte eine Freundin und hat mir gleich die offizielle Preisliste für die Fahrt vom Flughafen nach Jerusalem geschickt. Doch wir brauchen sie gar nicht. Der Taxifahrer spricht kein Englisch, deshalb klärt er vorab alles mit dem Einweiser, der die Schlangen an Touristen in Richtung Autos leitet. Als wir einsteigen, ist der Preis fix, die Koffer sind verstaut, und der Rest der Fahrt funktioniert über Mimik und Gestik des herzlichen Mannes.

Im Jerusalem Tower Hotel beziehen wir unser Zimmer. Es ist später Nachmittag, und die Dunkelheit bricht an. Auch wenn die Palmen drüber hinwegtäuschen: Wir haben Winter. Die Tage sind kurz. Aber noch ist es nicht zu spät, und unsere Aufregung treibt uns sowieso raus. Die Stadt wartet.

Wir wickeln uns in unsere Mäntel und marschieren die engen Straßen entlang. Der schwarze Asphalt glänzt nass. Vor uns glühen die hellen Steinmauern, großstädtisch beleuchtet in bunten Strahlen, darüber schlängeln sich offene Stromleitungen und bunte Wäscheleinen, roh an den Mauern befestigt, dieses feingliedrige Wirrwarr, wie ich es aus südlichen Städten kenne. Und alle 50 Meter hängt das gleiche Plakat:

„Welcome Vice President Pence, True Friend of Zion".

Eine Provokation? Der Konflikt ist allgegenwärtig, und der Krieg noch lange nicht vorbei, nur weil er gerade nicht auf unserem Boden stattfindet. Die Welt ist zu klein geworden und die Flut an Informationen zu groß, als dass man noch sagen könnte, das alles hat nichts mit uns zu tun.

Wir laufen durch die Innenstadt, queren den Bazar, wo plaudernde Männer überbordende Kisten ins Innere der kleinen Häuser tragen und ihre Läden langsam schließen. Jerusalem ist viel hügeliger, als ich erwartet habe, ein ständiges Auf und Ab. Lisa schlägt vor, die Klagemauer zu suchen, und das tun wir auch, immer den Schildern nach, immer weiter bergab. Kleine Kinder sitzen am Rand auf Pflastersteinen, Burschen mit vermummtem Gesicht fahren mit dem Fahrrad vorbei, russische Touristinnen kämpfen mit ihrem Stadtplan. Frauen mit Kopftuch sitzen in den Gassengeschäften und verkaufen getrocknete Früchte an Frauen in kurzen Hosen. In der Altstadt knallen die Interessen aufeinander, allein der Stadtplan wirkt so, als wären die Konflikte vorgezeichnet: Das muslimische Viertel steckt zwischen jüdischem und christlichem, und in der Grabeskirche treffen sechs verschiedene Konfessionen aufeinander. So viele Kulturen auf so engem Raum. Spannung liegt in der Luft, es brodelt, aber keine Sekunde lang verspüre ich die Angst, die ich befürchtet habe, als ich über diese Reise nachgedacht hab. Wie wichtig es immer wieder ist, rauszukommen aus seiner eigenen „Komfortzone". Ich bin so dankbar für diesen Film, er bringt mich so weit – gedanklich, aber auch örtlich. Hey, wir sind wirklich in Jerusalem! Es ist unglaublich! Vielleicht fällt uns hier auch endlich ein Titel für den Film ein. Unser letzter Vorschlag „Holocaust – Warum erinnern?" wurde abgelehnt.

Je tiefer wir hinuntersteigen, desto dichter werden die Touristengruppen in den engen Gassen. Die Klagemauer kann nicht mehr weit sein. Und auf einmal sehen wir sie. Eingezwängt zwischen Häuserfronten, hell beleuchtet wie eine Baustelle bei Nacht. Bevor wir uns nähern dürfen, müssen wir durch eine Sicherheitsschleuse. Unsere Taschen kommen aufs Förderband und fahren durch die Röntgenkontrolle, wir selbst treten durch ein Metalltor und hoffen, dass es nicht piepst. Alles gut, wir sind durch.

Die Stimmung trifft mich mit voller Wucht. Eingekesselt, tief in der Altstadt, herrscht plötzlich bedrohliche Ruhe. Der Bereich für die Frauen und der für die Männer ist durch einen Zaun abgetrennt. Ich bleibe hinter dem Wellenbrecher, den sie für die Touristen aufgestellt haben. An der Mauer vorne sehe ich Menschen wie in Trance, sie schaukeln vor und zurück, knien am Boden. Es wird tatsächlich gebetet. Wie ist es möglich, seiner Religion nachzugehen, wenn man immer zwischen Schaulustigen steckt?

Lisa und ich betrachten die Szenerie schweigend, wir wollen es sehen, aber nicht stören. Wortkarg treten wir den Rückweg an. Wir gehen durch den inzwischen fast leeren Bazar zurück, vorbei an den imposanten Stadtmauern. Landen in einer Bar mit Ausblick, schon etwas müde, aber sehr hungrig. Doch die Speisekarte enttäuscht uns, und ich merke, wie sehr ich von meinen Israel-Klischees eingenommen bin. Okay, ich bestelle meinen Fisch. Und zumindest noch einen Salat dazu.

Als sie die Getränke liefern, wird unser Tisch zu klein: Ein kleiner Teller nach dem anderen landet vor uns, in Grün und Rot, Petersilie und Humus und getrocknete Tomaten und Melanzani in Öl und und und! Es hört nicht auf – aber nichts davon haben wir bestellt! Das ist im Preis inbegriffen, lernen wir an diesem Abend. Es sind die „Mezze", die Vorspeisen. Wir schaffen unser Essen kaum, hängen glücklich in unseren Stühlen, mit vollem Bauch und so vielen Eindrücken im Kopf. Lisa sagt:

„Hättest du dir das im Oktober gedacht?"

Am nächsten Morgen sind wir beide zerknautscht. Der volle

Magen, das hellhörige Hotel … weder Lisa noch ich haben gut geschlafen. Dazu kommt der Leistungsdruck. Denn der Grund, warum wir hier sind – das Interview mit Jehuda Bacon – ist extrem wichtig.

Ich sehe Lisa in ihren Unterlagen lesen. Sie ist angespannt. Ich bin es auch. Wir drehen heute mit einem israelischen Kamerateam. Unser eigenes Equipment von Österreich hierher durch den Zoll zu bringen, wäre zu aufwändig gewesen. Deshalb hab ich vorab mit einem israelischen Kameramann Kontakt aufgenommen. Er heißt Yosi. Die Kommunikation war nicht die einfachste. Sein Englisch ist brüchig, und die Telefonverbindung ist oft abgerissen. Martin, unser Kameramann in Österreich, war von Anfang an bei dieser Produktion dabei. Noch vor den ersten Drehs sind wir zusammengesessen und haben über den „Look" gesprochen, den wir erreichen wollen. Über Einstellungsgrößen und Farbgebung. Über Lisas Rolle und die Art, wie die Kamera sie begleiten soll. Vor unserer Israel-Reise habe ich Martin gebeten, Yosi zu informieren, was nötig ist, um die Aufnahmen in Israel im selben Stil hinzukriegen. Eigentlich sollte alles klappen. Trotzdem bin ich unrund. Die Arbeitsbeziehung zwischen Regie und Kamera birgt Konfliktpotential, wenn die Rollen nicht klar verteilt sind.

Yosi und sein Assistent warten mit ihrem Auto vor dem Hotel. Der Tonassistent spricht kein Englisch. Aber er lächelt sehr viel. Lisa und ich nehmen am Rücksitz Platz, und die ersten Kilometer lernen wir uns durch den Rückspiegel kennen. Yosi wirkt locker und freundlich. Ein schlacksiger Typ um die 50, der heute gerne schnell fertig werden möchte, wie er sagt, damit er seine Yogastunde nicht verpasst. Leider legt er seine Lässigkeit auch nicht ab, als wir beim ersten Drehort ankommen, der Gedenkstätte Yad Vashem. Yosi kommt nicht in die Gänge. Anfangs will er gar nicht hier parken, immer wieder spricht er davon, dass das sowieso nichts werden wird. Nach längerer Diskussion wird mir klar, dass er schon sehr oft hier gedreht und schlechte Erfahrungen gemacht hat. Die Security-

Vorschriften sind, wie überall in Israel, extrem streng. Yosi sollte die Gespräche auf Hebräisch für uns führen und uns die Drehgenehmigungen besorgen. Aber es scheint nicht zu klappen. Wir stehen schon im Verwaltungszentrum in irgendeinem Zimmer, Yosi redet mit einem Menschen, der immer wieder den Kopf schüttelt. Die Situation nagt an meiner Geduld, und ich denke darüber nach, diesen Drehort einfach zu streichen. Er wäre schön, aber wir brauchen ihn nicht unbedingt.

Lisa Gadenstätter und Elisabeth Gollackner im windigen Jaffa, dem ältesten Stadtteil von Tel Aviv, im Jänner 2018

Doch ich habe nicht mit Lisa Gadenstätter gerechnet. Vor Wochen schon hat sie mit jemandem hier Kontakt aufgenommen, sie zieht die Mail aus ihrer Tasche und fragt charmant nach der

Dame. Ja, sie sitzt hier in diesem Zimmer. Mit einem Schlag ändert sich die Stimmung, die Dame lacht, freut sich auf Englisch, dass wir gut angekommen sind. Und innerhalb von zwei Minuten haben wir unsere Drehgenehmigung.

Auch Yosi ist beeindruckt, und ich merke, wie ihn (endlich!) der Ehrgeiz packt. Er beginnt, uns vom Gelände zu erzählen, und zeigt uns eine Abkürzung zur „Hall of Names". Dort möchten wir drehen, es ist das Herzstück der Gedenkstätte.

Wir kommen von der Rückseite, gegen die Besucherrichtung, und treten in einen Gang aus Sichtbeton. Yad Vashem hat ein spannendes architektonisches Konzept, wie ein riesengroßer grauer Pfeil zieht sich die Ausstellung durch einen Garten, und das Ende dieses Gangs durch die Geschichte bildet die „Hall of Names". Sie ähnelt einer Kathedrale, mit ihrer schwebenden Kuppel, auf deren Innenfläche Fotos von Holocaust-Opfern angebracht sind. Ihre Gesichter spiegeln sich im Wasserbecken, das in den Fels darunter gehauen wurde. Die Wände des kreisrunden Innenraums dieser Halle bedecken leuchtend blaue Regale voller Bücher. In ihnen wurden die Namen derer dokumentiert, von denen man weiß, wo und wie sie umgekommen sind. Ein großer Teil der Regale steht leer. Von so vielen fehlt jede Spur.

Yosi und ich beginnen zu arbeiten, mit jedem Satz funktioniert das Teamwork besser. Wir begleiten Lisa mit der Kamera, als sie eintritt. Folgen ihrem Blick. Seine Ideen sind gut, und er nimmt auch meine in seine Arbeit auf. Als wir zwei Stunden später bei Jehuda Bacon ankommen, ist mein Vertrauen in ihn groß genug, und ich weiß: Alles wird gutgehen. Das Interview kann beginnen.

SIEBZEHN

WÄHREND YOSI UND SEIN ASSISTENT IN DEM ETWAS DUNKLEN RAUM NACH LILLYS ANWEISUNGEN KAMERAS, TON UND LICHT AUFBAUEN, SITZE ICH VOR MEINEN INTERVIEW-UNTERLAGEN UND GEHE NOCHMALS MEINE FRAGEN DURCH.

Ich blicke auf und sehe Yosi mit einem Kabel hantieren. Er ist ein spannender Charakter. Ich denke an ein Gespräch, das wir kurz zuvor geführt haben. Beim Mittagessen an der Straßenecke mit einer Falafel in der Hand will Yosi noch einmal wissen, wann wir denn heute mit unserer Arbeit fertig sind. Wegen seinem dreitägigen Yoga-Seminar. Ein Wetterumschwung ist angekündigt, und das sei für eine Fahrt in die Wüste nicht angenehm, meint er. Immer wieder spricht er von Yoga und von seiner inneren Ruhe, während er in eine scharfe Pfefferoni beißt. Sein Assistent sitzt neben mir und lächelt schüchtern.

„Bist du Buddhist, Yosi?", frage ich irgendwann völlig unbedarft. Da bleibt Yosi fast sein Kichererbsen-Laibchen im Hals stecken.

„Wie kommst du auf so etwas?“, fragt er mich.

Ich fühle mich irgendwie komisch, war die Frage nach dem Glauben so eigenartig? Oder eine Grenzüberschreitung?

„Na ja, aus deinen Erzählungen hört man sehr viel buddhistischen Glauben heraus, und dann noch so viel Yoga … “, versuche ich das Gespräch mit einem Klischee zu entkrampfen. Aber ich scheitere.

„Ich bin Jude“, sagt Yosi ernst.

Lilly springt mir zur Seite und meint:

„Aber du könntest ja einen anderen Glauben annehmen.“

„Nein, Jude ist man ein Leben lang“, sagt Yosi. Er nimmt trotzig den nächsten Bissen seiner Falafel und schaut nachdenklich in die Ferne.

Dann sagt er plötzlich:

„Aber wenn ich nicht Jude wäre, dann wäre ich wahrscheinlich Buddhist.“

Ein Klopfen reißt mich aus meinen Gedanken. Ich blicke auf und sehe ein Gesicht durch die Fensterscheibe schauen. Es ist Jehuda Bacon. Er wohnt auf der anderen Straßenseite und hat sich schon etwas früher als vereinbart zu unserem Interview-Termin begeben. Er lächelt durch das Fenster, geht zur Tür und begrüßt alle Mitarbeiter des Instituts, in dem wir das Interview aufzeichnen, freundlich auf Hebräisch. Ich werfe einen kurzen Blick auf unser Interview-Set, Yosi ist noch nicht wirklich weitergekommen. Das ärgert mich, ich will Jehuda nicht unnötig lang warten lassen und auch nicht zu viele Vorgespräche mit ihm führen. Über Erlebnisse in einem Konzentrationslager zu sprechen, braucht viel Kraft und Überwindung. Ich weiß, dass das Gespräch sehr schnell auf das Thema Holocaust kommen wird, und ich will Jehuda nicht zumuten, seine Geschichte doppelt erzählen zu müssen.

Lilly schaut mich an und signalisiert, dass wir bald anfangen können. Ich gehe auf Jehuda zu und bin sofort von seiner Ausstrahlung gefangen genommen. Vielleicht habe ich auch sofort eine Verbindung zu ihm, weil – Jehuda, Sie mögen mir verzeihen – er mich an meine verstorbene Oma erinnert. Seine Augen, sein Mund, sein Lachen.

Ich erzähle dem 89-jährigen Mann, dass wir heute schon im Holocaust-Museum Yad Vashem waren, der bedeutendsten Gedenkstätte der Welt. Jährlich besuchen mehr als zwei Millionen Menschen diesen Ort der Erinnerung.

„Da hängt eines meiner Bilder", freut sich Yehuda.

Ich kenne das Bild. Es treibt mir jedes Mal die Tränen in die Augen. Jehuda hat damals als Bub ein Krematorium gezeichnet, von außen, mit einem großen Kamin. Aus diesem Kamin steigt Rauch auf, und in diesem Rauch erscheint das Gesicht seines Vaters, der in Auschwitz in der Gaskammer ums Leben gekommen ist.

„Ja, Herr Bacon", sage ich, „ich kenne dieses Bild, und es berührt mich sehr."

„Jehuda, ich heiße Jehuda", sagt der alte Mann zu mir. „In Israel sprechen wir uns mit dem Vornamen an, wenn wir uns mögen, das ist schon okay." Jehuda lächelt mich an. Ich freue mich über seinen Vertrauensbeweis und über die israelische Lockerheit, weg von Nachnamen, Titeln und Co.

JEHUDA BACON

Jehuda Bacon wurde am 28. Juli 1929 in Ostrava in der damaligen Tschechoslowakei geboren. Er lebt als Künstler in Jerusalem. 1942, mit 13 Jahren, wurde er mit seiner Familie in das Ghetto Theresienstadt deportiert. Dort diente er der SS als sogenanntes Vorzeigekind. Immer wenn das Internationale Rote Kreuz zu Inspektionen kam, musste er ein heiles Lagerleben vorspielen.
Mit 14 Jahren kam Jehuda nach Auschwitz-Birkenau. Er wurde Teil der „Birkenau Boys", die für Transportarbeiten im gesamten Komplex eingesetzt wurden. Sein Vater starb in Auschwitz in der Gaskammer, seine Mutter und seine Schwester Hanna wurden ins KZ Stutthof deportiert, zwei Wochen vor Befreiung verhungerten sie. 1945 wurde Jehuda auf den „Todesmarsch" ins KZ Mauthausen geschickt; im Konzentrationslager Gunskirchen, einem Nebenlager von Mauthausen, erlebte er die Abgründe der Menschheit aufs Neue, es gab für die Häftlinge kein Essen, kein Wasser, keine Kleidung. Am 5. Mai 1945 wurde Jehuda Bacon befreit. Nach der Befreiung fertigte er Skizzen an, die in Nazi-Prozessen, wie dem Eichmann-Prozess, als Beweise dienten.

INTERVIEW MIT JEHUDA BACON

Jehuda, Sie haben in Israel lange Zeit als Kunstprofessor gearbeitet, auch heute malen Sie noch. Zu Beginn Ihrer Karriere haben Sie Ihre Bilder mit Ihrer Häftlingsnummer signiert – warum?
Nun, wir wollten damals zeigen: Wir sind anders. Und wie kann man das besser tun als mit so einer ungewöhnlichen Unterschrift. Nummern anstatt einer Unterschrift. Das bringt einen schon auf gewisse Gedanken.

Würden Sie sagen, dass Ihnen die Kunst im KZ das Leben gerettet hat?
In gewissem Sinn, ja. Es gab mir einen Sinn, weiterzuleben. Es war ein Ausweg. Weil die Frage war ja immer: Wie kann ich es bewältigen. Was will ich, nach dem Krieg, was kann ich mit dieser Vergangenheit machen. Als ich befreit wurde, war ich noch ein Kind, aber ich fühlte: Ich muss etwas tun. Aber wie? Und ich dachte, ich muss für die reden, die in meinem Alter waren, meine Freunde und so weiter, die nicht mehr reden konnten. Die nicht mehr da sind. Und dann begann es. Man versucht zu sprechen, und da scheitert man sehr schnell. Weil wir sahen: Die Menschen wollen uns nicht zuhören. Oder konnten es nicht. Also versucht man andere Wege. Und mein Weg war durch Zeichnen und auch durch Schreiben. Das hilft und half mir sehr viel. Ich dachte: Wenn ich es erzähle, dann werden die Menschen besser. Aber selbstverständlich, leider wurden die Menschen, oder die, mit denen ich sprach, nicht besser. Bis ich eine Technik fand, um es für beide Seiten am besten zum Ausdruck zu bringen. Und diesbezüglich hat mich die Kunst gerettet.

Mit 13 Jahren hat sich Ihr Leben für immer geändert, da wurden Sie zum ersten Mal in ein KZ, nach Theresienstadt, deportiert. Wie waren Sie vorher? Wie war der 12-jährige Jehuda?
Der 12-jährige Jehuda war so wie alle anderen Kinder. Neugierig, er wollte alles verschiedene tun und bemerkte, dass sich die Situation rings um ihn veränderte. Manchmal sehr schnell. Verschiedene Eindrücke sind bis heute geblieben. Ich versuche es euch zu erklären und zu beschreiben,

wie unglaublich alles war. Eine kleine Erinnerung aus meiner Kindheit: Mein Vater kommt nach Hause zum Mittagessen und erzählt am Tisch: „Stellt euch vor, die Gemeinde bat mich, einem Flüchtling aus Österreich zu helfen." Und dann erzählte mein Vater, dass er diesem Mann, der die Hilfe dringend brauchte, Geld gab, damit er weiterfahren konnte. Der Mann erzählte ihm, dass er vor zwei Tagen noch ein hoher Beamter in einer Bank in Wien war. Das war für meinen Vater unvorstellbar. Dass jemand, der so eine Stellung hatte, plötzlich Geld brauchte, um weiterzukommen. Das konnte er nicht begreifen.

Haben Sie damals nicht gedacht, da bahnt sich etwas Schlimmes an, und wir müssen weg?
Ja klar, wir hörten die Geschichten. Wir hörten, dass in der Slowakei Menschen auf ihren Koffern sitzen und darauf warten, dass man sie abholt. Also das war schon Gespräch am Tisch.

Sie sind trotzdem geblieben, und Ihre Familie wurde dann ins KZ Theresienstadt gebracht. Wie haben Sie das erlebt?
Zu der Zeit gab es immer großen Druck vom Internationalen Roten Kreuz. Die fragten: Wo sind all die Juden, die Kinder, die alten Leute. Und da wussten die SS-Behörden, sie müssen das Rote Kreuz nach Theresienstadt lassen. Dieser Besuch wurde vorbereitet. Es war „fantastisch", Goebbels war damals der Propaganda-Minister, und er organisierte ein vollkommenes Spiel. Der Judenälteste bekam plötzlich ein Auto mit einem Chauffeur, mit Handschuhen usw. Alles war eine Lüge, von Anfang bis zum Ende. Es gab Konzerte in Theresienstadt, Kindervorstellungen. Und in dem Moment, in dem die Kinder fertig waren, wurden fast alle nach Auschwitz verschickt. Wir auch. Aber unser Transport war einer der wenigen, der nicht selektiert wurde. Wir sollten auch in Auschwitz zeigen, dass in den Lagern eh alles gut war. Und so lebten wir in Auschwitz unter anderen Bedingungen. Wir wurden als bessere Häftlinge behandelt, wir durften zum Beispiel unsere Haare behalten. Wir konnten Postkarten schreiben. Mit 30 Worten.

Was wussten Sie denn vorher über Auschwitz, war dieses KZ Thema unter den Menschen?

Wir bekamen das über andere Familien mit. Plötzlich verschwanden nämlich Männer. Nach kurzer Zeit bekam die Familie dann ein Telegramm, Ihr Mann ist an einem Herzinfarkt gestorben, Sie können seine Asche und den Gürtel für so und so viel Mark erhalten, stand da drinnen. Das Telegramm war aus Auschwitz, und eine Bestätigung vom Arzt war dabei. Das war das erste Mal, dass wir von Auschwitz hörten, mit Asche und so. Viel später, als ich in Auschwitz war, sah ich die Asche. Das war nicht die Asche von den Menschen, die nahmen irgendwas und verdienten noch ein paar Mark, wenn die Familie die Habseligkeiten verlangte.

Sie wurden mit Ihrem Vater nach Auschwitz deportiert. Was war Ihr erster Eindruck, als Sie in Auschwitz ankamen?

Ich war noch im Zug, in dem Viehwaggon, und schaute hinaus. Es war Nacht. Ich sah viele Reflektoren, und ich sah eine Menge von Menschen, die hatten dunkelgrüne Jacken an. Also dachte ich mir ach,, das ist bestimmt ein Erholungsheim. Weil jeder hatte einen Stock. Zu unserer Zeit war das so Sitte, Spazierstöcke, am Sonntag gingen Männer immer mit Spazierstöcken. Also dachte ich mir, das ist ein Erholungsheim, da sind Männer mit Spazierstöcken. Aber dann war sofort alles anders. Ihr kennt diese Szenen bestimmt – raus, raus, raus, das waren keine Menschen mehr, ein Gebrüll, unmenschlich, nach drei Tagen, wo wir nichts getrunken hatten, wo es keine Hygiene gab. Wir wurden alle geprügelt, mussten auf einen Lastwagen. Kinder, Frauen, Männer, Alte ... später wussten wir, dass jeder, der auf einen Lastwagen kommt, gerade ins Krematorium fährt. Wir waren die Ersten, die nicht selektiert wurden.

Das ging eine kurze Zeit gut, dann wurde Ihr Vater selektiert. Man entschied, er war nicht mehr arbeitsfähig und sollte sterben. Sie mussten als 14-Jähriger entscheiden, ob Sie mit Ihrem Vater ins Gas gehen, oder ob Sie versuchen, im KZ zu überleben. Wie schafft man so eine Entscheidung?

Ja, das war eine der schrecklichsten Entscheidungen. Mein Vater war 50, für damalige Verhältnisse sehr alt, er wusste, was passiert. Wir hatten eine Woche zu entscheiden. Eine ganze Woche! Wir wussten nicht, wie wir uns entscheiden sollten. Dann ging es schnell: Der Vater geht, ich bleibe.

Was ist Ihre letzte Erinnerung an Ihren Vater?

Wir sahen uns in die Augen, er wollte mir noch etwas geben, und ich sagte: Nein, sorg dich nicht um mich, ich bin vernünftig, wir treffen uns in Israel. Wir wussten beide, das ist nicht die Wahrheit. Er wünschte mir das Beste, ich wünschte ihm …, aber wir wussten, das ist das letzte Mal, wo wir uns sehen.

Darf ich fragen, was er Ihnen noch mitgeben wollte?

Das ist eine sehr schlimme Erzählung. Er hatte einen goldenen Zahn, der schon wackelte. Und wir wussten, was mit den Zähnen passiert, ich sah sie viele Monate später, alle in kleinen Kistchen, diese goldenen Zähne. Und mein Vater sagte: Nimm dir das, dann kannst du noch ein Stück Brot dafür bekommen. Selbstverständlich sagte ich nein.

Wie waren Ihre Tage in Auschwitz, was hat man mit den Kindern gemacht?

Man hat uns gut behandelt. Das Schlimme war nur: Wir mussten zuschauen, wie die wirklich zu Bestrafenden geprügelt und gehängt wurden. Das sind fürchterliche Erinnerungen. Uns persönlich hat man nicht geschlagen, wir wurden besser behandelt. Wir waren das sogenannte Rollwagenkommando. Man gab uns so einen Waggon, der immer von Pferden gezogen wurde, jetzt machten es halt wir 20 Kinder. Wir gingen durch alle Gebiete in Auschwitz, das konnte sonst kein Häftling. Ein gewöhnlicher Häftling war froh, wenn er nach der Arbeit zurückkommt, lebendig oder halb lebendig. Wir mussten zum Beispiel das Brot einsammeln von den neuen Transporten. Stellt euch vor, jeden Tag kommen 5000 oder 10.000 Leute, und die gehen sofort alle dorthin, wo sie hingehen sollen. Und wir haben den Befehl: Nehmt das Hab und Gut dieser Menschen, also die Decken und das Brot,

und bringt es ins Lager. Ich erinnere mich, einmal, es war schon kühl, da gingen wir ins Krematorium. Wir konnten da nur reingehen, wenn niemand ankam. Wir mussten die Holzplanken, auf denen man die Leichen verbrannte, ausbauen, für die SS, die brauchten es, um Bunker gegen Luftangriffe zu bauen. Als wir mit der Arbeit fertig waren, sagte ein Kapo (Anm.: besser gestellter Häftling, der die anderen Häftlinge überwachte): „Kinder, ihr seid jetzt fertig mit der Arbeit, es ist kalt, wenn ihr wollt, könnt ihr runtergehen in die Gaskammern, da ist es viel wärmer." Von den 20 Kindern hatten vier keine Angst und gingen. Ich war einer von ihnen. Ich fragte den Wächter: Wofür ist diese Bank, was macht man mit den Kleidern, wie geht das vor sich? Der Wächter erklärte mir, dass sich die Leute ausziehen müssen, ihre Schuhe schön zusammenstellen, die Schuhbänder zusammenbinden. Oben waren so Nägel und eine Bank, jeder sollte sich die Nummer merken, damit es nach dem „Duschen" schneller wieder zurückging. Die Leute waren durstig, man sagte ihnen, sie sollen sich beeilen. „Beeilt euch, sonst wird die Suppe kalt." So machten sie die Leute schnell fertig.
Sie erklärten mir auch, wo Mengele die Selektionen machte. Ich ging weiter und schaute mir an, wo man das Gas reinschüttet, man konnte es auch von draußen sehen, wir konnten spielen, den Deckel heben. Ich hab alles noch ganz genau im Gedächtnis. Ich ging in die Duschen – plötzlich sehe ich, die haben kleine Löcher. Aber das ist nur eingeklopft, das heißt, nur im ersten Augenblick schaut es aus wie eine Dusche. Schaut man näher, dann ist es nichts. Das hab ich mir sehr genau eingeprägt, und sofort nach Ende des Krieges zeichnete ich es. Und das sind die Zeichnungen, die später als Beweise in Prozessen verwendet wurden.
Wir Kinder wussten ja immer alles. Wenn ein Telefonat aus Berlin kam zum Beispiel. Da kam der Befehl: Bitte die Krematorien wärmen, weil in ein oder zwei Tagen kommt ein Transport aus Theresienstadt. Man musste die Krematorien wärmen, das war eine Arbeit von wenigen Stunden. Wir wussten genau, wie und was passierte.

Sie haben ja sehr viele Informationen aus Auschwitz bekommen, die sonst niemand hatte, weil Sie sich als Kind frei bewegen konnten, und

Sie haben andere Menschen in dem Lager interviewt, warum haben Sie das getan?

Ich hatte wahrscheinlich eine Vorahnung. Ich interviewte meine Freunde, und sie sagten: „Warum willst du das wissen Von hier kommt ja sowieso niemand lebendig raus.“ Aber ich sagte: „Wer weiß. Wenn ich rauskomme, dann werde ich über euch erzählen. Das war ein halber Schwur, und den hab ich verwirklicht. Viel später, beim Eichmann-Prozess zum Beispiel.“

Das ist schon toll, dass Sie dazu beigetragen haben, dass das alles aufgearbeitet wurde ...

Das war ein halbes Wunder. Ich möchte euch noch kurz erzählen. Zu den Prozessen kamen damals auch Kamerateams aus den USA und aus Kanada. Die fragten mich: „Was hat all dieses Leiden für einen Sinn?“ Da versuchte ich es ihnen zu sagen. Es kann Sinn haben. Ich wünsche niemandem, dass er so etwas durchleben muss. Aber Leiden kann dazu führen, dass wir ein besseres Verständnis für den Nächsten haben. Nicht nur das – dass der Nächste so ist wie wir selbst. Das war mein Credo.

Aber haben Sie denn in Auschwitz auch etwas Gutes erlebt?

Oh ja. Ich kann über zwei SS-Menschen erzählen. Der eine war ein schrecklicher Mörder – ich hab alles gesehen. Im Frankfurter Prozess musste ich gegen ihn aussagen. Ich habe sehr ruhig gesagt, was ich gesehen habe. Ohne Emotionen. Aber dann erzählte ich Folgendes: Eines Abends kam dieser Bösewicht in unseren Block und holte zehn Menschen. Ich war der Zehnte. Das war todesgefährlich. Entweder erschießen oder totschlagen. Wir stehen also da in der Finsternis bei dem Tor. Plötzlich nimmt der Bösewicht eine Salami, schneidet sie in zehn Stücke, gibt jedem ein Stück und sagt – und das ist für die Sprache in Auschwitz sehr höflich: „Hau ab!“ Dasselbe passierte mir noch einmal. Wir gingen in ein Frauenlager. Wir Kinder konnten das. Da kam eine sehr böse SS-Frau. Sie sieht mich, und neben mir ist so ein Raum, dunkel, und ein Tisch. Mit einem Topf, eineinhalb Liter oder so. Und diese Frau sag: „Geh, iss das auf.“ Das waren süße Nudeln mit Zucker. Das war ein Traum, ein Königtum.

Unter den Kindern hat es eine enorme Solidarität gegeben, wie haben Sie sich die erhalten?
Erlaubt mir, ich erzähl euch etwas von einem Todesmarsch. Der Tag, an dem sie Auschwitz, unsere Gruppe, auflösten. Wir marschierten raus. Dieser Marsch war fürchterlich. Tag und Nacht im Winter, im Schnee, und niemand half dem anderen. Außer der Gruppe von uns Kindern. Es passierte nicht, dass ein Kind zurückblieb. Wenn er nicht mehr marschieren kann, dann ist er einer der Letzten. Und alle Letzten wurden erschossen. Einfach. Zwischen uns passiert es nicht. In dem Moment, wo jemand schwach wurde, kamen zwei andere Jungs, nahmen ihn unter den Schultern und schleppten ihn weiter. Ließen ihn ausruhen. Keiner starb.

Sie haben schon oft von dem Arzt Josef Mengele gesprochen. Er war berüchtigt für seine barbarischen Experimente an Menschen in Auschwitz. Sie haben gemeint, wenn Sie ihn später mal getroffen hätten, dann hätten Sie ihn gezwungen, seine Biografie zu schreiben. Warum?
Ja, ich hätte ihn nicht getötet. Weil was hat denn das für einen Sinn? Um einen Mengele weniger? Wie um einen Juden weniger? Aber so einen Menschen seine Psychopathie erforschen zu lassen, das hätte sehr viel Material hinterlassen. Das hat viel mehr Sinn, als ihn umzubringen.

Hatten Sie niemals Rachegedanken?
Jeder Mensch hat Rachegedanken. Fast jeder Mensch. Albert Schweitzer vielleicht nicht. Und der Einstein. (lacht) Aber es ist doch so: Ein SS-Mann macht Angst, aber wenn er seine Uniform nicht anhat, dann ist er ein Nebbich (Anm.: ein Niemand) wie jeder andere Mensch. Er hat nicht mehr die Ehre und den Stolz. Was gibt ihm die Ehre – der Anzug, die Dekoration. Wenn man ihm die wegnimmt, dann ist er nackt wie die anderen.

1945 wurden Sie aus einem Nebenlager von Mauthausen befreit, aus Gunskirchen. Wie sind Ihre Erinnerungen an Gunskirchen?
Darüber rede ich nicht gerne. Das war auch die Zeit, wo ich Kannibalis-

mus gesehen haben. Ein Mensch kann ja leider so tief herunterfallen, dass er zu fast allem fähig wird. Ja klar, man kann es durch Zwang erreichen, aber man kann einen Menschen auch durch Hunger an diese Grenzen bringen. Derjenige beschrieb es mir, und ich sah es auch ... „was für ein Glück ich hatte, auf der Hüfte war noch ein Stück Fleisch". Das heißt, die Leiche war noch nicht nur Knochen und so.

Was wollen Sie mir, den nächsten Generationen auf unserem Lebensweg mitgeben?

Ich bin ja kein Gott weiß was ... (lacht) Aber ich denke, dass ihr auf Vorbilder schauen sollt. Auf Menschen, wo man sagen kann: Das sind Menschen im besten Sinn. Wir sind alle Menschen, auch manchmal Unmenschen, aber es gibt Menschen, die einen prägen. Bei mir war es Hugo Bergmann. (Anm.: Professor an der Bezalel-Akademie in Jerusalem, Mentor von Jehuda Bacon) Er war Schüler von Franz Kafka, war ein sehr guter Freund von ihm. Ich erlebte ihn in Israel. Und er öffnete mir die Augen, er machte keine Unterschiede zwischen den Menschen, sprach mit einer Putzfrau gleich wie mit einem Professor. Ich erkannte, ja, es gibt noch Menschen. Ich ... nicht nur ich ..., viele konnten nach dem Krieg nicht weinen. Und einmal starb ein sehr guter Lehrer von uns. Und ich kam zurück vom Begräbnis und schrieb in mein Tagebuch: Jehuda, (er kämpft mit den Tränen) du bist wieder Mensch geworden, du kannst wieder weinen.

Warum ist es wichtig, sich auch im Jahr 2018 noch an den Holocaust zu erinnern?

Ich denke, jede Sache, auch die grausamste, kann Sinn haben, wenn sie den Menschen so tief irgendwo berührt, dass er sich zum Guten verändert. Jeder Mensch hat die Freiheit der Entscheidung. Ich versuche es so zu erklären. Sagen wir, wir sind begabt mit den Händen – wir können Klavierspielen, wir können andere Instrumente spielen, wir können ein Chirurg sein, wir können aber auch ein Dieb sein. Das heißt, die große Frage ist: In welche Richtung lassen wir unsere Kräfte los.

ACHTZEHN

WAS FÜR EIN BEEINDRUCKENDES GESPRÄCH MIT JEHUDA.

In der schlimmsten Sache sucht er nach, wie er es nennt, einem „göttlichen Funken". Wir wollen noch ein paar Schnittbilder im Freien drehen, also frage ich Jehuda, ob er mit mir ein bisschen auf der Straße spazieren gehen würde.

„Ja, natürlich", sagt Jehuda, „ach wo, zu anstrengend, ich hab doch noch Kräfte."

Als wir aus dem Haus gehen, erkenne ich, dass die Kräfte doch schon ein bisschen nachgelassen haben. Also halte ich Jehuda einfach meinen Arm hin, er hakt sich ohne lange nachzudenken unter. Auch das ist eine Sache, die ich bei den Zeitzeugen erkenne. Auch wenn es noch so weh tut, man macht weiter, man gesteht sich die schwindenden Kräfte, die Schmerzen nicht ein, man will nicht aufgeben.

Wir schlendern langsamen Schrittes durch die Straßen seines Viertels. Jehuda erzählt mir von seiner Frau.

„Sie hat mit dem Holocaust gar nichts zu tun, sie ist aus Amerika, das ist nicht immer einfach. Sie versteht mich oft nicht, wenn ich ihr Sachen von damals erzähle.“

Ich denke zum ersten Mal über diese Tangente nach. Viele Überlebende sprechen gar nicht über ihre Zeit in einem Konzentrationslager. So wie Aba und seine Frau. Andere tun es, weil der Partner oder die Partnerin die Geschichte ebenfalls erlebt hat und verstehen und zuhören kann. Und dann gibt es viele Ehen wie die von Jehuda. Wie schwer muss es sein, eine Beziehung mit einem Holocaust-Überlebenden zu führen, überlege ich. Niemand von uns kann das Leid dieser Menschen nachvollziehen. Wir können die Geschichten hören, wir können versuchen, uns hineinzuversetzen, aber ich bin überzeugt, dass wir nie wirklich verstehen werden, was es tatsächlich bedeutet. Wir, die wir das nicht erlebt haben, wir haben keine Ahnung, was der Holocaust auch Generationen danach noch mit Menschen, mit Beziehungen macht. Mit den Kindern, den Enkelkindern. Manche können das Schicksal ihrer Eltern zum Beispiel gar nicht verarbeiten, ziehen sich zurück, flüchten sich in diverse Süchte. Im Zuge unserer Recherchen habe ich mit einer Psychologin gesprochen, die Nachkommen von Holocaust-Überlebenden und von SS-Tätern betreut und zusammenführt. Sieben Generationen braucht es, um so eine Katastrophe halbwegs zu verarbeiten. Wir sind jetzt die dritte Generation.

„Als ich nach dem Krieg zurückkam und sah, wie manche Menschen mit ihren Eltern sprachen, da war ich schockiert“, sagt Jehuda plötzlich in meine Gedanken hinein. Ich will wissen, wie er das meint.

„Ich konnte damals einfach nicht verstehen, warum man mit seiner Mutter oder seinem Vater schimpft, warum man ungeduldig mit ihnen ist“, erklärt mir Jehdua.

„All diese Menschen hatten keine Ahnung, wie es ist, seine Eltern zu verlieren.“

Jehudas Eltern sind beide ums Leben gekommen, der Vater in

der Gaskammer, die Mutter ist verhungert. Und Jehuda hat recht. Ich kenne es aus Erzählungen meiner Freundinnen und auch aus eigener Erfahrung. Wir gehen manchmal wirklich hart mit unseren Eltern um. Wir werden ungeduldig, wenn sie etwas nicht wissen, was uns logisch erscheint, wenn sie die neuesten Trends vielleicht noch nicht mitbekommen haben oder etwas nicht sofort verstehen. Warum verletzt man oft gerade diejenigen, die man am meisten liebt? Ich fühle mich sofort schlecht. Jehuda scheint das zu bemerken.

„Aber nach ein paar Jahren erkannte ich, es ist nicht so schlimm, wenn man manchmal so zu seinen Eltern ist. Denn nur bei Menschen, die man wirklich liebt, kann man so sein, wie man sich gerade fühlt. Und wir können ja nicht 24 Stunden am Tag gute Menschen sein. Fragen Sie meine Frau."

Jehuda lacht. Und er spricht weiter:

„Wissen Sie, nach dem Krieg war ich oftmals kein guter Mensch."

Auch so eine Wendung, über die ich nie nachgedacht habe. Wie war das für die Überlebenden, wie konnten sie wieder ein „normales" Leben beginnen und nicht nur hassen? Wie kann man Menschen gegenübertreten, die mitgemacht haben, oder die Mitläufer waren und einfach nur zugeschaut haben?

Jehuda erzählt mir, was ihn damals nach dem Krieg gerettet hat. Er hatte das Glück, auf Personen zu treffen, die ihm den Glauben an die Menschheit wieder zurückgegeben haben, wie er sagt. Er erzählt zum Beispiel viel von Premysl Pitter. Das war ein Pädagoge in Prag, der nach dem Krieg ein Waisenhaus für alle Kinder eröffnet hat. Für jüdische Kinder, für Kinder von Nazis, für deutsche Waisenkinder. Jehuda ist in dieses Waisenhaus nach Prag gekommen, wurde dort von Premysl Pitter erzogen und findet nur lobende Worte für diesen Mann, der ihn so geprägt hat.

Wir bewegen uns langsam weiter. Die Palmen wehen im Wind, die Olivenbäume schaukeln hin und her. Ein komisches Bild, finde ich, man würde Wärme erwarten, hier in Jerusalem, im Nahen

Osten, aber es ist kalt. Ich steuere eine kleine Bank an, mitten auf einer Verkehrsinsel, umgeben von bunten Blumen. Jehuda bückt sich an meinem Arm und greift auf die Bank. „Da müssen Sie aufpassen, das ist sehr kalt, da können Sie sich Ihren Rücken verkühlen, wenn Sie empfindlich sind. Meine Frau und ich legen uns immer Zeitungen unter."

Ich sehe die beiden in meinen Gedanken genau hier zu dieser Bank spazieren. Vielleicht jeden Sabbat, jeden Samstag Nachmittag, dem Ruhetag in Israel, kommen sie hierher, mit Zeitungen und Pölster beladen, und setzen sich auf diese Parkbank, mitten in einer Verkehrsinsel.

Jehuda rührt mich mit jedem Satz, ein 89-Jähriger, der im kalten Jerusalem für menschliche Wärme sorgt.

Wir verabschieden uns von Jehuda. „Ich muss noch zur Post, ein Paket abholen", sagt er.

„Sollen wir Sie fahren?", frage ich, doch Jehuda lehnt ab. Er geht gerne zu Fuß. Wir steigen ins Auto, ich drehe mich noch einmal um und sehe Jehuda auf der Straße stehen und uns nachwinken.

Auf der Rückfahrt kommt Kameramann Yosi noch einmal auf die Holocaust-Gedenkstätte Yad Vashem zu sprechen. Er kann einfach nicht verstehen, dass dort keine Soldaten postiert waren. Normalerweise sind dort immer Soldaten, sagt Yosi. Und er warnt Lilly und mich. Wir sollen heute Abend auf keinen Fall in die Altstadt gehen, zwei junge Frauen allein in der Altstadt von Jerusalem, das sei gefährlich. Er verunsichert mich, gestern waren wir auch alleine dort, und ich habe es in keiner Sekunde bedrohlich empfunden.

Plötzlich bricht Unruhe im Cockpit des Autos aus. Yosis Assistent kramt in seiner Tasche herum, öffnet das Handschuhfach, sucht alle möglichen Stellen im Auto und an seinem Körper ab. Er sagt etwas zu Yosi, auch der wird unruhig. An einer Ampel bleibt er einfach eine Grünphase lang stehen, steigt aus, öffnet den Kofferraum und kommt kopfschüttelnd zurück. Auf der Stirn des Assistenten bildet sich dezent eine Schweißperle, die sich ihren Weg langsam Richtung Augenbraue bahnt. Was ist los, wollen wir wissen.

„Ach“, meint Yosi, „nichts, wir haben offenbar eine Disk verloren.“ Schock auf der Rückbank. Eine Disk fehlt?

„Welche Disk?“, frage ich entsetzt, „das Interview mit Jehuda?“ Nein, es ist jene Disk, die meine Fragen aufgezeichnet hat. Auch ziemlich blöd, aber bei Weitem nicht so schlimm wie ein fehlendes Interview mit einem 89-jährigen Mann. Wir rumpeln auf einen Parkplatz unter einen Olivenbaum. Das Auto wird nochmals untersucht, vergebens. Lilly denkt schon darüber nach, wo ich meine Fragen eventuell neu aufzeichnen könnte, der Kamera-Assistent greift sich voller Panik an den Hals, und siehe da, da baumelt sie an einem Kabel, die verloren geglaubte Disk. Der Assistent lächelt, wir rumpeln wieder auf die Straße Richtung Hotel.

Yosis Worte haben sich doch irgendwie in meinem Hirn festgesetzt. In der Nacht wache ich durch einen lauten Knall auf. Das ganze Hotel scheppert, ich schlage entsetzt die Augen auf. Wieder ein Knall. Was ist das, ein Bombenanschlag? Ich denke an Yosis Worte:

„In Israel schläft man ein, und am nächsten Tag kann Krieg sein.“

Ich springe aus dem Bett zum Fenster, ziehe den Vorhang zurück und erwarte, Rauchschwaden über der Altstadt zu sehen. Aber ich sehe nichts. Nur dunkle Nacht, jede Menge Regen, der an die Scheiben klatscht, und da sehe ich einen Blitz und höre sofort darauf den Donner. Ein Unwetter. Auch von diesem Wetterumschwung hat Yosi gesprochen. Aber mit seinem Gerede über Geheimpolizei, Soldaten und Krieg hat er mich völlig verrückt gemacht. Ich krieche wieder ins Bett. Die Hotelwände scheinen immer noch hin und her zu flattern, ich habe das Gefühl, in einem Kartenhaus zu liegen, das jede Minute zusammenbrechen könnte. Ich hole mein Handy, logge mich ins WLAN ein und suche mir auf YouTube irgendeinen

Schnulzenfilm. Ich hoffe auf Beruhigung durch seichte Unterhaltung. Es wird Zeit, dass das hier vorbeigeht.

Am nächsten Morgen klopfe ich an Lillys Zimmertüre. Sie öffnet, und ich sehe ihr an, auch sie hat keine ruhige Nacht gehabt. Wir schleichen erschöpft zum Frühstücksraum, essen Toast und koscheren Fisch und schauen den Palmen zu, die sich im Sturm hin und her biegen.

NEUNZEHN

ZURÜCK IN WIEN.

Gut verschlossen in wasserdichten Boxen haben wir unsere Filmaufnahmen aus Israel auf einem Daten-Stick nach Hause gebracht, und ich bin sehr erleichtert, als sie im System eingespielt sind und ich sie bei mir am Computer endlich sichten kann. Nach und nach füllen sich unsere Ordner mit Material, und schön langsam ist es an der Zeit, sich Gedanken über Schnitt und Musik zu machen.

Die Herausforderung wird darin bestehen, sehr altes Schwarz-Weiß-Material mit neuen Farbsequenzen zu verbinden und trotzdem eine durchgehende Gestaltungslinie zu finden. Die Szenen, die wir gedreht haben, sind alle roh und ungeschnitten. Mit ihnen ist noch alles möglich. Deshalb muss ich noch einmal zurück zu den Archivfilmen. Sie sind bereits geschnitten – die Änderungsmöglichkeiten halten sich in Grenzen, und deshalb werden sie in gewissen Teilen unseres Films den Stil und das Tempo vorgeben.

Ich lande in der „Wochenschau“ und sehe in bester Propagandamanier, wie Hitler jubelnd im gesamten Reich empfangen wird. In verschiedensten Einstellungsgrößen werden stolze Deutsche porträtiert, Kinder schwenken Hakenkreuzfahnen, das Schnitttempo ist mitreißend schnell und die Szenenauswahl ausgesprochen gut. Einige Sekunden lang tauchen am Bildschirmrand die Produzenten auf, die diesen Film für das NS-Propagandaministerium hergestellt haben: Junge Kerle, die wagemutig ihre Stative auf Autodächer geschnallt haben und, im Schritttempo filmend, neben Hitlers Limousine fahren. Kameramänner auf hohen Statuen und auf Hausdächern. Ein kauernder Mann mit großem Objektiv, der nah am „Führer" die Emotionen einfängt. Es sind die Pioniere einer Art des Filmemachens, wie sie bis heute betrieben wird, und jede dieser Szenen ist inspiriert von der Handschrift einer Frau: Leni Riefenstahl. Ihr NS-Propagandafilm „Triumph des Willens" aus dem Jahr 1935 prägte das Bild, das die Nazis seither von sich zu vermitteln versuchten.

Riefenstahl startete ihre berufliche Karriere als Tänzerin und Filmschauspielerin, doch vor der Kamera zu stehen reichte ihr nicht. Sie begann, Drehbücher zu schreiben und von Regisseuren, mit denen sie arbeitete, das Handwerk zu lernen. Durch ihren ersten eigenen Film 1932 – ein Bergdrama namens „Das blaue Licht" – wurde Hitler auf sie aufmerksam und bat sie, Filme für ihn und seine Partei zu drehen. Da war sie gerade mal 30 Jahre alt. Riefenstahl wurde zur begeisterten Nationalsozialistin, und Hitler investierte mit Freude Unsummen in ihre Produktionen, die zu einem der wichtigsten Propagandamittel der Nazis wurden. Was Riefenstahl so außergewöhnlich machte, war ihr Verständnis von Musik und Rhythmus, gepaart mit ihrem Spielfilmwissen. Sie verzichtete auf Sprecher und setzte stattdessen auf dramatische Musik und eine Bildsprache, die es im Dokumentarfilm bis dahin noch nicht gegeben hatte. Zum ersten Mal wurden in diesem Bereich mobile Aufnahmen gemacht – Rollschuhe, Autos, ja sogar Fahnenstangen nutzte sie, um ihre Bilder dynamischer zu machen. Sie zerschnitt Szenen, um sie spannender zu gestalten. Sie beschleunigte und entschleunigte Szenen, teilweise ließ sie sie rückwärts laufen. Und wenn sie wusste, dass sie gewisse Dinge im Trubel des Augenblicks nicht würde einfangen können, dann drehte sie sie vorab in Großaufnahmen. Die Körper der jungen Nationalsozialisten glänzten in der Sonne, sprangen elegant über Hindernisse, zeugten von der Kraft und Stärke einer neuen Bewegung. Menschengruppen wurden zu tanzenden Massen, Hitler erhob sich als strahlender Erlöser über sie. Riefenstahls ästhetisches Talent traf auf ungeahnte Möglichkeiten. Sechsunddreißig Kameramänner für einen Dreh? „Südländisch aussehende" Komparsen für einen Spielfilm? Alles stellte die NSDAP ihr zur Verfügung und ließ ihr volle künstlerische Freiheit. Dass die Komparsen verhaftete Roma und Sinti waren, die nach Beendigung der Dreharbeiten nach Auschwitz deportiert wurden und dort ums Leben kamen, davon wusste sie nichts, meinte sie. Jeder, der nach dem Krieg etwas anderes behauptete, wurde von ihr geklagt.

Die „Reichsfilmregisseurin" revolutionierte das Filmgeschäft und wurde vor Ausbruch des Krieges dafür mit internationalen Preisen überhäuft. Nur mit Propagandaminister Joseph Goebbels kam sie nicht zurecht, ihre Produktionen seien viel zu teuer, meinte er, und in einem Brief schrieb Goebbels: „Mit diesen wilden Frauen ist nicht zu arbeiten."

Mit ihren Filmen aus den 1930ern hat sie Generationen nach ihr beeinflusst, in keiner Vorlesung über die Geschichte des Mediums fehlen sie. Egal, ob aktuelle Porträts von Sportlerinnen und Sportlern, Blockbuster wie Star Wars oder Inglourious Basterds oder Werbespots von Versicherungsfirmen – immer wieder sind Spuren von Leni Riefenstahls Einfallsreichtum zu finden. Auch ich kann mich nicht ausnehmen. Wenn ich mit Martin tüftle, wie wir Lisa mit einer schwebenden Kamera begleiten können, wenn ich überlege, welche Musik ich wähle, um die Kälte von Auschwitz zu signalisieren, wenn ich meinen Dokumentarfilm mit Emotionen füllen will, dann bin ich in gewisser Weise eine Schülerin Riefenstahls. Ihre visuellen Experimente sind heutzutage State Of The Art. Was für eine paradoxe Situation: Ich arbeite an einem Film über die Schrecken des Holocaust – und verwende stilistische Mittel, die zu dieser Zeit entwickelt und eingesetzt wurden, um Menschenmassen zu manipulieren, und die die Mitwirkung der Bevölkerung am Holocaust erst möglich gemacht haben.

Leni Riefenstahl selbst hat Zeit ihres Lebens jegliche Mitverantwortung an den Verbrechen der Nationalsozialisten abgestritten. Sie habe lediglich gefilmt, was sowieso geschehen sei, meinte sie. Politik habe sie nie interessiert. „Wo liegt denn meine Schuld?", fragte sie. „Sagen Sie mir doch das. Ich habe keine Atombomben geworfen, ich habe niemanden verleugnet. Wo liegt denn meine Schuld?"

Auch das ist ein Teil des Vermächtnisses von Leni Riefenstahl: Seit ihr kann niemand in der Film- und Fernsehbranche mehr behaupten, nicht zu wissen, welche Kraft in den bewegten Bildern liegt. Und welche Verantwortung man bei jeder Einstellung und jedem Schnitt trägt.

ZWANZIG

DER NÄCHSTE HALT AUF UNSERER REISE ZUM HOLOCAUST IST HAMBURG.

Wir sind wieder mit unserem gewohnten Kamerateam unterwegs, mit Martin und Flora. Es ist ein strahlend schöner Wintertag. Bevor wir die 93-jährige Esther Bejarano treffen, drehen wir noch sogenannte Antext-Bilder. Also Bilder, die man unter meinen Text legt, den ich später in einem Tonstudio einsprechen werde, und die zeigen, dass wir den nächsten Punkt unserer Reise, eben Hamburg, erreicht haben.

„Moin, Moin", begrüßt uns das Hamburger Original, das hinter dem Steuer unseres Taxis sitzt. Ich rutsche auf den Vordersitz und erkläre dem Mann, dass wir typische Aufnahmen der Stadt brauchen. Er fährt uns zum Jungfernstieg, von dort hat man den schönsten Blick auf die Binnenalster. Kleine Schiffe fahren von dort weg zu Alster-Rundfahrten, in der Ferne ist die Kennedybrücke zu sehen, und links und rechts glänzen wunderschöne Altbauten in der Sonne. Es ist wieder einmal wahnsinnig kalt, ich friere und kann trotz der Handschuhe, die ich diesmal nicht vergessen habe, meine Finger nicht mehr richtig bewegen. Flora hat sich gegen die Kälte am besten gewappnet, sie trägt eine dicke Überhose, die sie in warmen Räumen elegant abstreift. Der Einzige, dem die Kälte nichts auszumachen scheint, ist Kameramann Martin. Ich beobachte ihn, wie er mit seiner dünnen Daunenjacke auf dem Boden kauert und voller Freude eine Möwe filmt, die über das Eis schlittert. Wenig später haben wir unsere Bilder im Kasten und steigen mit unseren vielen Taschen und Kameras erneut in ein Taxi. Wir machen uns auf den Weg zu Esther Bejarano. Und das erweist sich als äußerst mühsam, irgendwie hat Hamburg recht eigenartige Ampelschaltungen. Wir stehen alle zwei Minuten. Diesen Interviewtermin werden wir nicht pünktlich schaffen. Ich muss Esther anrufen und ihr sagen, dass wir etwas zu spät kommen. Für Esther kein Problem.

„Ich hab sowieso nichts vor", meint sie.

Ich lehne mich im unbequemen Taxisitz zurück. Meine Knie stoßen am Armaturenbrett an, auf dem Boden duckt sich ein kleines Stativ, das Flora und Martin liebevoll „Mops" nennen. Hinter mir auf der Rückbank kleben Lilly, Martin und Flora eng aneinander. Martin hält seine Kamera fest umschlungen, und Flora verschwindet fast hinter einem großen Rucksack. Gott sei Dank findet dieses Interview überhaupt statt, denke ich, und erinnere mich voller Schrecken an einen Moment zurück, eine Woche vor unserem Termin in Hamburg.

In der Früh wachte ich damals schweißgebadet auf. Ich hatte geträumt, Esther hätte unseren Termin vergessen, wäre nicht zu Hause gewesen, und wir wären umsonst nach Hamburg geflogen. Um damals sicherzugehen, griff ich zu meinem Handy: Ein Anruf kann nicht schaden, immerhin habe ich den Termin vor eineinhalb Monaten ausgemacht, dachte ich damals. In Hamburg ging Esther ans Telefon. Ich begrüßte sie und sagte ihr, dass ich mich sehr auf das Gespräch mit ihr freuen würde.

„Welches Gespräch?"

Da war er, der Satz, den ich schon ein paar Stunden zuvor so ähnlich in meinem Alptraum gehört hatte.

„Wir haben ein Interview ausgemacht, am 8. Februar", erklärte ich ihr und fühlte, wie sich zwischen meinen Augen eine Sorgenfalte bildete.

„Ne, da steht nix in meinem Kalender. Und außerdem spiele ich am 8. ein Konzert, da geb ich vorher keine Interviews."

Mir lief es kalt den Rücken hinunter.

„Das ist jetzt gar nicht gut, Frau Bejarano, es ist nämlich so, dass wir die Flüge schon gebucht haben und dass wir eigentlich gar nicht mehr zurückkönnen. Außerdem kommen wir ja auch extra wegen Ihrem Konzert nach Hamburg."

So konnte ich Esther dann doch erweichen. „Na, meinetwegen, dann fliegen Se halt", sagte sie. Wie sich herausstellte, hatte Esther unseren Termin in einen alten Kalender eingetragen, der nach dem Jahreswechsel wohl einfach im Papierkorb entsorgt wurde.

„Da sind wir", reißt mich der Taxifahrer aus meinen Gedanken. „Welche wichtige Person ist denn hier zu finden, dass ihr extra aus Österreich angereist kommt", will er wissen. Ich erzähle ihm, dass hier eine Holocaust-Überlebende wohnt, mit der wir ein Interview aufzeichnen wollen. Plötzlich wird der zuvor so lautstark vor sich hinplaudernde Mann ruhig. Ja, das sei ein wichtiges Thema, sagt er und wünscht uns viel Glück für das Gespräch.

Esther Bejarano wohnt in einem Mehrparteien-Haus im ersten Stock. Wir sind 30 Minuten zu spät, eine unangenehme Situation.

Nach dem ersten Klingeln öffnet eine winzig kleine Frau die Tür. Esther hat weiße Haare, sie trägt einen roten Pullover und um den Hals ein Medaillon. Ihre Wohnung ist warm eingeheizt, die Sonne strahlt durch das große Wohnzimmerfenster auf die vielen Pflanzen, die im kleinen Raum stehen. Martins Blick spricht Bände – wie können wir hier möglichst schnell eine schöne Interview-Location herstellen? Ich arbeite wirklich gerne mit Martin, er filmt wunderschöne Bilder, ist sehr gewissenhaft – aber er mag Hektik nicht besonders. Er bereitet ein Interview-Set mit viel Akribie vor, hier in diesem Raum kann er das nicht. Aber Martin und Flora holen das Beste aus dieser Situation heraus, und in Windeseile entsteht ein wunderbares Interview-Set. Ich sehe meine Aufgabe in diesem Moment im Unterhalten von Esther. Sie ist ein bisschen angespannt. Ich interessiere mich für die Bilder, die sie an der Wand hängen hat, sie antwortet pflichtbewusst. Das Eis kann ich erst brechen, als ich ihr erzähle, dass ich Klavier spiele. Sie hat auch Klavier gespielt, ihr Vater hat es ihr beigebracht. Sie zeigt mir ein Foto ihrer Eltern.

„Finden Sie nicht auch, dass meine Mutter eine wunderschöne Frau war?“, fragt sie und streichelt liebevoll mit ihren alten Fingern über das Foto. Ich nicke und erkenne sehr viel von der Mutter in Esther. Doch so richtig das Eis zum Schmelzen bringt Martin. Er lässt Esther in einem großen Sessel Platz nehmen. Die kleine Frau, die mir nicht mal bis zu den Schultern reicht, versinkt in dem Sessel, ihre Füße reichen nicht zum Boden, ein Sonnenstrahl trifft ihr Gesicht. Und was macht Martin? Er sagt:

„Für Sie brauchen wir gar keinen Scheinwerfer, das Sonnenlicht bringt Ihr Gesicht so richtig schön zum Strahlen.“

Esther lächelt Martin an, kräuselt leicht die Lippen und drückt ihre Schultern genüsslich in die Sessellehne. Kurze Zeit darauf können wir mit dem Interview beginnen. Und Esther erzählt mit solch einer Intensität, dass man Gänsehaut bekommt.

ESTHER BEJARANO

Esther Bejarano wurde am 15. Dezember 1924 im Saarland geboren. Sie ist eine der letzten Überlebenden des Mädchenorchesters von Auschwitz. Als Kind wurde sie mit ihrer Familie verhaftet und in das Konzentrationslager Auschwitz deportiert. Sie konnte dort nur überleben, weil sie im Mädchenorchester Akkordeon spielte. Von Auschwitz wurde sie nach Ravensbrück gebracht. Kurz vor Kriegsende konnte sie auf einem Todesmarsch fliehen. Esthers Eltern und eine Schwester überlebten den Holocaust nicht. Nach dem Krieg wanderte Esther nach Israel aus, 1960 kehrte sie nach Deutschland zurück. Seit 2008 steht sie gemeinsam mit der Band Microphone Mafia aus Köln auf der Bühne. Die Formation rund um Frontman Kutlu Yurtseven rappt gegen Rechts und Antisemitismus.

INTERVIEW ESTHER BEJARANO

Frau Bejarano, vor 80 Jahren hat der Zweite Weltkrieg begonnen. Wie haben Sie als Kind die Anfänge miterlebt? Wann haben Sie sich gedacht, da ändert sich jetzt etwas in der Gesellschaft?
Das hat schon sehr viel früher begonnen. Es war insofern für uns Kinder auch sehr schlimm, weil wir nach 1935 nicht mehr in deutschen Schulen lernen durften, man hat uns rausgeworfen aus den Schulen, und die jüdischen Gemeinden mussten dann jüdische Schulen eröffnen. Und wir sind dann eben in die jüdischen Schulen gegangen. Dadurch waren wir ganz isoliert. Es gab Freundinnen von mir, die zum Beispiel dann nichts mehr mit mir zu tun haben wollten, weil die Eltern verboten haben, mit mir zu reden, sich mit mir zu treffen, und das war natürlich überhaupt für Kinder eine ganz schlimme Erfahrung.

Wie haben Ihre Eltern Ihnen erklärt, was da gerade passiert?
Natürlich haben wir darüber gesprochen, man konnte aber nichts dran ändern.

Kinder in diesem Alter haben ganz viele Träume, was sie in ihrem Leben mal machen wollen. Wie war das bei Ihnen, hatten Sie auch so einen Traum, was Sie später mal werden wollten?
Was ich werden wollte? Ja, ich wollte immer Sängerin werden – und das bin ich ja auch geworden.

Mit 18 Jahren wurden Sie dann nach Auschwitz deportiert – was war Ihr erster Eindruck?
Erstmal wussten wir nicht, wo wir hinkommen. Man hat uns nur gesagt, ihr kommt in ein Arbeitslager nach Polen. Und wir waren auch der Meinung, wir kommen jetzt in ein Arbeitslager. Aber das hat sich dann sehr schnell geändert, weil so wie man uns da empfangen hat, da haben wir gleich gemerkt – aha, wir sind bestimmt in einem Konzentrationslager.

Esther Bejarano, Kutlu Yurtseven (links) und Esthers Sohn Joram (rechts) während eines Konzertes der Microphone Mafia in Hamburg, im Februar 2018

Wie hat man Sie empfangen?

Also, wir sind an einer Rampe angekommen, das war die sogenannte jüdische Rampe. Da mussten wir dann aussteigen aus dem Viehwaggon. Dieser Transport war eine Katastrophe. Das war ganz schlimm, viele ältere Menschen sind gleich auf dem Transport gestorben, weil es war eine furchtbare Luft dort. Und es gab keine Toiletten. Es gab gar nichts, es war ein Kübel, auf den man gehen musste. Vor allen Leuten. Das war erniedrigend und ganz schrecklich. Und man hat natürlich auf dem Boden gesessen, im Viehwaggon gab's ja keine Stühle oder Bänke. Und so sind wir dann angekommen, und auf der jüdischen Rampe haben wir gestanden, und dann kamen zwei oder drei Männer in Zivilkleidung. Und wir haben gedacht: Diese Männer, die sind sicher unsere Vorarbeiter. Die haben uns eigentlich ganz freundlich begrüßt, sie haben gesagt: „Kommt, geht raus aus dem Waggon!“ Und dann haben sie gesagt: „Alle, die nicht gut laufen können, die gehbehindert sind, die krank sind, Frauen, die 45 Jahre oder älter sind, die sollen auf die Lastautos steigen.“ Wir haben gedacht, na ja, wenn sich die darum kümmern, dass gehbehinderte Leute gleich ins Lager gefahren werden, anstatt laufen zu müssen, dann kann das ja nicht so schlimm sein. Aber diese Lastautos, die fuhren alle in die Gaskammer. Und das haben wir nicht gewusst. Wir haben erst später im Lager erfahren, wo die ganzen Leute geblieben sind. Weil viele haben dann nach ihren Eltern, nach ihren Verwandten gesucht, die da auf die Autos gestiegen sind.

Wenn Sie Auschwitz beschreiben müssten – wie war Auschwitz?
Auschwitz kann man nicht beschreiben. Man muss da hingehen nach Auschwitz, muss sich das angucken. Ich kann das nicht beschreiben. Es war die Hölle.

Sie haben dann in Auschwitz eine lebenswichtige Entscheidung getroffen. Sie haben sich für das Mädchenorchester beworben. Wie ist das damals abgelaufen?
Das war ja so, dass ich erst mal ganz schwere Steine schleppen musste und ich in einer Kolonne war mit einer schweren Arbeit – und ich konnte das nicht mehr schaffen. Ich war schon so … ich hatte keine Kraft mehr. Und da hab ich gehört, dass nach Frauen gesucht wird, die ein Instrument spielen können. Ich hab mich gemeldet, bei einer Frau, die hat Zofia Czajkowska geheißen und war eine polnische Musiklehrerin. Ich konnte Klavierspielen, mein Vater hat mir das beigebracht, aber die Frau hat zu mir gesagt: „Ein Klavier gibt es hier nicht. Aber wenn du Akkordeon spielen kannst, dann werde ich dich prüfen.“ Ich hab nie zuvor ein Akkordeon in der Hand gehabt, wusste nicht, wie man das betätigen soll. Aber ich hab trotzdem gesagt: „Ich kann spielen.“ Und die Czajkowska hat zu mir gesagt: „Spiel mir den deutschen Schlager: Du hast Glück bei den Frauen, Bel Ami.“ Das war damals ein Hit. Ich kannte den natürlich. Dann hab ich gesagt, dass ich schon ewig nicht mehr Akkordeon gespielt habe, dass ich

mich erst reinfinden muss. Da hat sie gesagt: „Geh mal in eine Ecke und probier. Und wenn du das Lied spielen kannst, kommst du zu mir, und ich prüfe dich." Das hab ich dann gemacht. Also auf der rechten Seite, das war kein Problem, das waren Klaviertasten. Aber auf der linken Seite, da waren die Knöpfe, ich hatte keine Ahnung, wo C-Dur, wo D-Dur ist. Aber ich hatte so viel Glück. Weil einer von diesen Knöpfen war so ausgebuchtet, da dachte ich: „Das ist bestimmt C-Dur." Wenn ich nicht so ein musikalisches Gehör gehabt hätte, hätte ich es nicht geschafft. Aber ich hab's geschafft, sie hat mich aufgenommen ins Orchester.

Das hat Ihnen wahrscheinlich das Leben gerettet.
Nicht nur. Natürlich hat's mir geholfen, weil ich dann keine physische Arbeit mehr machen brauchte. Ich hab dann nur noch gespielt. Aber das war kein Honiglecken. Weil hinter uns standen immer die SS-Leute mit ihren Gewehren. Wir sind einfach gezwungen worden, zu spielen. Wir haben so Märsche gespielt. Wir haben am Tor gestanden und gespielt, wenn die Arbeitskolonnen rausmarschierten und am Abend wieder reinmarschierten. Da mussten die Leute im Gleichschritt Marsch nach unserer Musik marschieren. Das allein war schon eine schlimme Angelegenheit für uns, weil wir denen nicht helfen konnten. Gerade weil wir wussten, was für eine schwere Arbeit sie machen mussten, weil ich das ja selbst erfahren musste.

Sie mussten ja auch spielen, wenn Züge ankamen, die die Menschen direkt in die Gaskammer brachten. Wie schafft man so etwas ...
Das war das Schlimmste, was ich je erlebt habe. Man wusste ganz genau, man kann nichts dagegen tun. Wir wurden gezwungen zu spielen. Die Leute, die an uns in den Zügen vorbeifuhren, haben uns zugewunken. Die haben gedacht: Na ja, wo Musik gespielt wird, kann's nicht so schlimm sein. Aber wir wussten, wohin die fahren. Nämlich direkt in die Gaskammer. Das war ganz schlimm, wir haben mit Tränen in den Augen gespielt, und das war echt das Schlimmste. Ganz, ganz schlimm, man konnte nicht helfen. Und man ist gezwungen worden zu spielen. Furchtbar.

Was wurde da für Musik gespielt?

Da wurde so leichte Muse gespielt. Ich kann mich nicht mehr erinnern, was wir da alles gespielt haben. „Der Schlittschuhläufer" von …, ich weiß gar nicht mehr, wer das geschrieben hat. Die leichte Muse eben. Größere Sachen, wie Mozart, Beethoven, da hatte die Czajkowska keine Lust, ein gutes Orchester aufzustellen. Weil sie hat die Nazis auch gehasst. Hinterher kam eine andere Frau, die das Orchester geleitet hat. Sie war Dirigentin, die Nichte von Gustav Mahler. Und die konnte sehr gut Geige spielen, und die hatte auch die Idee, ein wunderbares Orchester zu machen, das wollte die Czajkowska überhaupt nicht. Aber ich war da nicht mehr im Orchester. Weil irgendwann kam der Befehl, dass alle, die arisches Blut in den Adern haben, sich bei den Blockältesten melden sollen. Die kommen in ein anderes Lager, das kein Vernichtungslager sei. Das war ein Gesetz, das die Nazis für diese „Mischlinge" erlassen hatten. Und so hab ich mich gemeldet, weil ich eine christliche Großmutter hatte, väterlicherseits, und man hat mich angenommen. Dann bin ich mit 70 Frauen, die sich auch gemeldet hatten, nach Ravensbrück gekommen. Ravensbrück war zu dieser Zeit kein Vernichtungslager. Später gab's dann auch Gaskammern.

1945, als die Niederlage der Nazis absehbar war, wurden Sie von Ravensbrück aus auf den Todesmarsch geschickt.

Das war eine ganz schlimme Sache. Ganz viele Menschen sind von den Nazis erschossen worden. Das war ganz schlimm. Ich hab auch das geschafft, hab auch das überlebt. Mit sechs anderen Freundinnen. Als wir auf diesem Marsch waren, haben wir gehört, wie ein SS-Mann zu einem anderen gesagt hat: Es darf nicht mehr geschossen werden. Da haben wir beschlossen, dass wir flüchten werden. Aus dieser Kolonne. Das haben wir dann auch gemacht. Wir sind gerade durch einen Wald marschiert, und dann haben wir abgemacht, dass sich jeder einzeln verstecken soll, hinter Bäumen oder Sträuchern. Und so haben wir das gemacht. Dann waren wir in dem Wald, alleine, dann haben wir uns die Häftlingskleidung ausgezogen. Drunter hatten wir Zivilkleidung, da sind wir vorher gewarnt worden, von kommunistischen Frauen, die uns sehr viel geholfen haben im KZ. Die haben uns gesagt: Zieht euch Zivilkleidung unter eure Häftlingskleidung, weil in ein paar Tagen werden wir bestimmt evakuiert. Die hatten in einer Decke in einer Baracke, in der sie gelebt hatten, ein Radio eingebaut. Und so konnten sie immer, wenn die SS nicht da war, hören, wie es eigentlich steht mit den Russen. Wo sie sind, wie die politische Lage ist.

Wo hatten Sie die Zivilkleidung her?
Es gab ja diese Effektenkammer. Da haben die Nazis alles gesammelt, was von den Transporten aus ganz Europa ankam. Die haben die ganzen Kleider und alles beschlagnahmt, was die Leute bei sich hatten, und es dann in der Effektenkammer gesammelt. Und heim ins Reich geschickt. Aber die Gefangenen konnten auch von diesen Effektenkammern und von den Frauen, die dort gearbeitet hatten, sich etwas kaufen. Ich hab mir einmal einen Pullover gekauft. Für einen ganzen Laib Brot. Wir hatten ja kein Geld, aber man konnte sich mit Brot oder einem Stückchen Wurst oder Margarine etwas kaufen. Und ich hab mir einen Pullover gekauft, für einen ganzen Laib Brot. Das heißt, ich musste eine Woche hungern, damit ich diesen Pullover bekomme. Das hab ich dann auch gemacht, weil ich so schrecklich gefroren habe.

Die Flucht auf dem Todesmarsch: Woher haben Sie diesen Mut genommen?
Wir haben einfach gesagt, wir machen das nicht mit. Wir haben ja nicht gewusst, wohin die uns führen. Wir sind Richtung Ostsee gegangen. Wir waren ja da in Mecklenburg. Und dann haben wir gedacht: Die wollen uns da ertränken. Das machen wir nicht mit. Das war unsere Entscheidung.

Wenn man so etwas erlebt, wie kann man das verarbeiten? Haben Sie das geschafft oder haben Sie zum Beispiel immer noch Alpträume?
Also momentan hab ich keine Alpträume mehr. Ich hatte vorher ganz schreckliche Träume. Aber das hat in dem Moment aufgehört, wo ich mich entschlossen habe, ich werde meine Geschichte erzählen. Vorher

habe ich sehr lange geschwiegen. Im Jahr 1978 war das, da hatte ich eine Boutique in Hamburg und bin konfrontiert worden mit Neo-Nazis. Und da hab ich mich dann entschlossen, ich muss unbedingt anfangen, meine Geschichte zu erzählen. Weil so geht das nicht weiter. Das waren damals schon Neo-Nazis, und die hatten genau dieselben Slogans wie damals. Antisemitismus, gegen Flüchtlinge, gegen irgendwelche anderen Menschen.

Darf ich fragen, was haben Sie denn für Alpträume gehabt?
Ich hab solche Träume gehabt … die Stiefel von diesen Nazis sind immer auf mir rumgetrampelt. Und zum Schluss war ich dann tot. Das war furchtbar.

Würden Sie denn sagen, dass die Generation, die jetzt lebt, noch Schuld trägt?
Ich weiß, es gibt irgendwelche Leute, die sich schuldig fühlen. Aber ich gehe ja viel in Schulen, und wenn ich in Schulen gehe, dann sage ich zu den Schülern: Ihr habt keine Schuld an dem, was damals geschah. Aber ihr macht euch schuldig, wenn ihr über diese Geschichte nichts wissen wollt. Ihr müsst alles wissen, damit so etwas nie wieder passieren kann.

Warum ist der Blick in die Vergangenheit so wichtig? Manche Menschen sagen: Lassen wir die Vergangenheit ruhen – was hilft Ihrer Meinung nach der Blick in die Vergangenheit?
Der Blick in die Vergangenheit hilft, dass man weiß, was in der Vergangenheit passiert ist, und dass man das eben wissen muss, dass, wenn jetzt wieder so ein schrecklicher Rechtsruck ist, wie wir ihn haben in allen möglichen Ländern, nicht nur in Deutschland, dass man dagegen angehen muss. Man muss etwas dagegen tun. Es ist nicht genug, dass man nur einmal im Jahr daran denkt, dass Auschwitz befreit worden ist. Weil im Grunde genommen ist Auschwitz damals überhaupt nicht befreit worden. Auschwitz, das Lager, ist zwar befreit worden, aber nicht die Menschen, die wurden ja schon vorher aus Auschwitz rausgeholt. Sind in andere

KZ gebracht worden. Auf allen möglichen Todesmärschen. Und um bei gewissen Firmen Zwangsarbeit zu machen. Viele große Firmen haben ja diese Häftlinge benutzt und sich auch damit unheimlich bereichert. Also es ist nicht so, dass die Menschen befreit wurden, sondern nur das KZ als solches. Es waren dort einige Gefangene, die eben nicht mehr laufen konnten, die schon sehr krank waren, und die sind auch meistens hinterher gestorben.

Jetzt sind Sie 93 Jahre alt und stehen an ganz vielen Tagen mit Ihrem Sohn und Kutlu Yurtseven von der Microphon Mafia auf der Bühne, halten Lesungen, rappen gegen Rechts, gehen an Schulen, wie schaffen Sie das alles?
Ich weiß nicht, wie ich das schaffe, auf jeden Fall schaffe ich es. Ich freue mich, wenn mir die Leute zuhören. Ich freue mich, wenn die Schüler mir viele Fragen stellen. Das hilft mir wieder … also … da lebe ich auf.

Reißen diese Erzählungen bei Ihnen nicht immer wieder alte Wunden auf?
Nein, es ist so, dass ich mich daran gewöhnt habe. Natürlich erlebe ich das alles nochmals – aber ich freue mich, dass mir die Menschen zuhören. Und ich kann sagen, was ich mir denke. Also zum Beispiel kann ich sagen, dass der Trump ein schrecklicher Kerl ist. Und dass es mir so vorkommt, als wäre er ein Faschist. Das kann ich sagen. Und die Leute hören mir zu. Die wollen mir dann auch nicht an den Kragen.

Mir ist aufgefallen, dass Sie eine sehr humorvolle Frau sind. Schon bei unserem ersten Telefonat hab ich mir das gedacht, da haben Sie sich ja über meinen Nachnamen lustig gemacht. Wie wichtig ist denn Humor – auch bei der Aufarbeitung solcher Katastrophen?
Na, Humor ist immer gut. Aber es kommt darauf an, was für ein Humor. Es gibt ja auch Humor, der Leute dann irgendwie schlecht aussehen lässt. Also für so etwas bin ich nicht. Aber im Grunde genommen liebe ich den Humor. Weil das ist wichtig, dass man auch lachen kann, und warum soll

man keinen Humor haben, auch wenn man so viel mitgemacht hat wie ich. Ich denke mir auch, dass es wichtig ist.

Aber es gibt viele Menschen, die Witze über Juden machen. Ist das für Sie in Ordnung.

Nein, das kann ich nicht akzeptieren. Genau so, wie ich es zum Beispiel unmöglich finde, dass in Frankreich diese ganzen Karikaturen gegen die Moslems gezeigt werden. Das ist so eine Parallele zur damaligen Zeit. Weil zur damaligen Zeit gab's den „Stürmer", das war ne Zeitung hier in Deutschland, und die haben lauter solche schrecklichen Karikaturen gehabt, um die Juden schlecht zu machen. Ganz furchtbare Bilder hat man gesehen, und das hat auch geholfen, den Antisemitismus größer zu machen. Und wenn die heute gegen die Moslems da diese Karikaturen machen, das finde ich unmöglich.

Was wollen Sie denn meiner Generation und den nächsten Generationen mitgeben?

Na ja, ich kann nur sagen: Man muss wissen, was damals geschah, und man muss sich dagegen wehren. Die Menschen dürfen nicht schweigen. Damals war das so, damals haben alle geschwiegen. Und dadurch haben sie auch alle mitgemacht. Und das dürfen wir heute nicht mehr. Das Gleiche darf nicht mehr geschehen. Das ist ein bestimmter Faschismus, der jetzt wieder aufkommt. Nicht nur in Deutschland, sondern überall.

EINUNDZWANZIG

WENN MAN SICH DIE FRAGE STELLT, WAS DER HOLOCAUST IM JAHR 2018 NOCH MIT UNS ZU TUN HAT, DANN LIEFERN ESTHERS AUSSAGEN DIE ANTWORTEN.

Ich sitze wie benommen in dem kleinen Wohnzimmer. Mir ist unglaublich heiß, und ich starre förmlich auf das Glas Wasser, das neben Esther auf dem Tisch steht. Wie gerne hätte ich einen Schluck davon. Esther scheint noch quietschvergnügt zu sein. Sie beginnt noch einmal, mir die Bilder, die an den Wänden hängen, zu erklären. Künstler, Motiv, Herkunft. Auf jedes einzelne Teil ihrer Sammlung ist sie stolz. Ganz besonders aber auf ein kleines Äffchen, das auf der Couch sitzt. Schüler aus Südafrika haben ihr es zugeschickt.

„Die haben ein Interview mit mir gelesen und wollten mir diesen Affen als Geschenk machen, weil sie es so gut fanden."

Ich merke die Rührung und den Stolz in Esthers Stimme. Da traue ich mich, eine Frage zu stellen, die mir unangenehm ist, weil sie, meiner Meinung nach, sehr ins Persönliche geht und oft als

Grenzüberschreitung verstanden werden kann. Den ganzen Tag ist mir diese Frage im Magen gelegen.

„Frau Bejarano, haben Sie eigentlich Ihre Nummer noch, die Ihnen eintätowiert wurde?"

Die kleine Frau blickt mich an und sagt schnell:

„Ne, die hab ich nicht mehr, die hab ich wegmachen lassen. Ich wollte das nicht mehr, weil ich mich immer daran erinnert habe. Und außerdem, weil die Menschen dermaßen taktlos sind. Manchmal haben mich die gefragt: ‚Ist das Ihre Telefonnummer, damit die Männer Sie schneller anrufen können?' Lauter solche idiotischen Fragen. Und das ist ein Zeichen dafür, dass nie eine ordentliche Aufarbeitung über den Holocaust gemacht wurde."

Esther setzt sich in ihren Sessel, und diesmal scheint sie noch mehr zu versinken als bei unserem Interview. Weil Martin und Flora noch unser ganzes Kamerazeugs abbauen, setze ich mich zu ihr. Wir haben mittlerweile eine Verbindung aufgebaut, und jetzt scheint Esthers Fassade der Unantastbarkeit und der Stärke langsam kleine Risse zu bekommen.

Esther ist erschöpft, sie erzählt mir, dass sie am ganzen Körper Schmerzen hat. Aber es muss weitergehen, sie muss heute Abend ihr Konzert spielen, sie will ihr Konzert spielen, weil es so wichtig ist. Und da ist er wieder, der Kampf der Überlebenden, die nie aufgeben. Sollte der Schmerz noch so groß sein.

Ein paar Minuten später rollen wir unser Kamera-Equipment Richtung Straße. Ich bin erleichtert. Alle Interviews sind aufgezeichnet, gesichert und für immer auf einer Disk gespeichert. Es waren intensive Gespräche. Ich habe so viel aus den Erzählungen gelernt, so viel neue Details und Sichtweisen, die mir bis jetzt nicht bekannt waren. Ich wusste beispielsweise nicht, dass die Befreiung für die Häftlinge so unendlich schwer war, dass es keine Befreiung im eigentlichen Sinn war.

Lilly bestellt ein Taxi, wir stehen zwischen unseren Koffern auf dem Gehsteig und warten. Ich nehme mein Handy aus der Tasche, denn eine Sache beschäftigt mich. Ich will wissen, welche Musik

Esther spielen musste, als die Menschen direkt an ihr vorbei in die Gaskammer gebracht wurden. Ich tippe „Schlittschuhläufer“ ein und klicke auf Play. Was ich dann zu hören bekomme, darauf bin ich in keinster Weise vorbereitet, auch nicht auf meine Reaktion. Ich kann es gar nicht wirklich beschreiben, vielleicht nehmen Sie jetzt auch Ihr Handy und suchen nach dem Walzer. Es ist eine schöne Melodie, die sich aufbaut, man ist versucht, mitzusummen, doch ich sehe Esther in Auschwitz stehen. Mit ihrem Akkordeon, die kleine Esther, die mit Tränen in den Augen diesen Walzer spielen muss. Und Züge mit hunderten Menschen, die Esther zuwinken, weil sie sich über die Musik freuen. Die Tränen, die mir in die Augen steigen, sind hinter meiner dunklen Sonnenbrille nicht zu sehen.

„Wer hat Lust auf einen Spritzer?“, platzt es aus mir heraus.

„Weißwein-Schorle heißt das hier in Hamburg“, sagt Martin trocken und zündet sich eine Zigarette an.

„Ein Prosecco wäre super“, Flora schlüpft in ihre Überhose, die sie vor der Kälte schützt. Lilly steht einfach nur da und schaut nachdenklich in den stahlblauen Himmel.

Es ist 18 Uhr. Um 19:30 beginnt das Konzert von Esther im Museum der Arbeit in Hamburg. Esther hat mir zuvor erzählt, dass normalerweise immer ganz viele Leute zu ihren Auftritten kommen, aber heute ist sie unsicher. Es ist noch eine andere Veranstaltung in der Nähe, und sie weiß nicht, ob der Saal voll werden wird.

„Wie dumm ist das, zwei Veranstaltungen an einem Tag in der gleichen Gegend“, hat sich Esther beschwert.

Wir kommen beim Museum an und trauen unseren Augen nicht. Der Saal ist bummvoll mit Leuten aller Altersgruppen – von ganz Jung bis ganz Alt. Die Veranstalterin ist aufgeregt, mit so vielen Besuchern hat sie nicht gerechnet, sagt sie. Aber alle haben einen Platz, zur Not auf dem Boden oder auf den Heizkörpern. Ich bin dankbar für den Heizkörper, denn es ist, Überraschung, verdammt kalt an diesem Tag in Hamburg, und mein Körper hat sich durch die heiße Dusche nicht wirklich erwärmt.

Flora Drapal, Kamera-Assistentin, genießt eine kurze Drehpause im kalten Hamburg auf der Terrasse der Elbphilharmonie.

Um Punkt 19:30 betritt Esther die kleine Bühne. Sie hat sich hübsch gemacht, hat Make-up und roten Lippenstift aufgetragen. Sie setzt sich an einen Tisch und beginnt, aus ihrem Buch zu lesen, über ihre Zeit in Auschwitz. Zwanzig Minuten lang hören die Besucher gebannt zu, es ist mucksmäuschenstill im Raum, bis auf ein Baby, das hin und wieder zu schreien beginnt. Nach der 20-Minuten-Lesung wird's ernst mit dem Konzert. Rapper Kutlu betritt die Bühne, gemeinsam mit Esthers Sohn Yoram. Ein Moslem, ein Jude und eine Holocaust-Überlebende rappen gegen Rechts und gegen Antisemitismus. Was für ein ergreifendes Bild. Die Musik der Microphone Mafia reißt mit, und Esther berührt. Die kleine Frau gibt alles auf der Bühne, Kutlu rappt, dann stimmt Esther ein. Sie hat eine kräftige Stimme, singt deutsche, englische, französische und jiddische Texte. Zwischendurch tanzt sie, schmeißt etwas ungelenk die Beine nach links und rechts. Über Musik, über

Rap, die Jugend zu erreichen, das ist das Ziel der Band. Nach ein paar Liedern muss sich Esther dann aber doch mal ausruhen, sie sackt auf einen Stuhl – und Kutlu beginnt zu erzählen. Von seinen Erlebnissen mit Ausländerfeindlichkeit in Köln, von der AfD, die ihn maßlos aufregt, und von „Mutti", wie er Esther liebevoll nennt. Bei den privaten Erzählungen ist zu merken – Esther hat die Hosen an. Wenn „Mutti" was nicht passt, dann ist der Rapper ganz schnell still und lächelt in sich hinein. Ich bin sehr berührt von diesem Konzert, von der liebevollen Art, wie Kutlu mit der 93-jährigen Esther umgeht, wie er mit Witz und Humor die Leute ins Hier und Jetzt holt und ihnen sagt, warum es wichtig ist, die Geschichte nie zu vergessen und für seine Meinung einzustehen, eine Haltung zu haben. Bei einem der letzten Lieder entrollen Kutlu und Yoram hinter Esther ein Transparent. „Nie wieder Krieg" ist zu lesen. Das Trio bekommt Standing Ovations. „Mir lebn ejbi/ess brent a Welt/ mir lebn eibig on a Groschn Geld" (Wir leben ewig, es brennt eine Welt, wir leben ewig, ohne einen Groschen Geld) singt die 93-jährige KZ-Überlebende. So schaut ihr Einsatz für eine bessere Welt und gegen die alten und neuen Nazis aus. Ein beeindruckender und unvergesslicher Abend geht zu Ende, ich hoffe, ich kann das Gefühl, das ich während des Konzerts gehabt habe, möglichst lange in mir tragen. Unsere Arbeit ist für heute getan. Jetzt bekomme ich meine Weißwein-Schorle. Unser nächster Halt steht schon im Kalender. Das ehemalige Konzentrationslager Auschwitz in Polen. Dort werden wir jene Orte aufsuchen, von denen Esther und Jehuda uns erzählt haben.

ZWEIUNDZWANZIG

PÜNKTLICH UM 6:20 IN DER FRÜH STEHT LISA MIT DEM AUTO VOR MEINER TÜR UND WINKT AUS DEM FENSTER. AUF NACH AUSCHWITZ!

In fünf Stunden beginnt unser Dreh in der KZ-Gedenkstätte in Polen. Martin und Flora haben den Wagen voller Gerätschaften, deshalb fahren wir zwei mit einem eigenen Auto.

Lisa manövriert uns sicher durch die morgendliche Stadt, hinaus aufs Land, die Sonne geht gerade auf und lässt die weiten Ebenen leuchten. Um diese Uhrzeit sind nur Lastwägen auf dem Weg nach Osten. Und dazwischen, in unserem „Spuckerl", wir zwei. Wir quatschen uns durch die Minuten, bis uns die Müdigkeit verlässt, die noch in den Knochen steckt. Beide sind wir schwer im Einsatz: Lisa fährt, und ich suche im Netz nach Antworten auf alle möglichen Fragen, die uns durch den Kopf gehen. Zum Beispiel, wie alt Hitler heute wäre, wenn er noch am Leben wäre.

129 Jahre.

Wie alt er war, als er sich umgebracht hat.

56.

Wie alt Eva Braun, seine Lebensgefährtin, bei ihrem Tod war.

33.

Das Mysterium Hitler ist vielseitig dokumentiert, und es dauert nicht lange, bis uns eine Website erzählt, Hitler hätte sich 1945 gar nicht erschossen, sondern sei in einem U-Boot gemeinsam mit Eva Braun nach Argentinien geflüchtet und hätte dort in einer großen, unterirdischen Anlage unter einer Hazienda Unterschlupf gefunden. Andere Seiten schreiben davon, dass er in Kolumbien und Brasilien gesichtet wurde. Ich zeige Lisa die Fotomontagen, mit denen das FBI in Südamerika nach Hitler gesucht hat. Einmal mit Hut, einmal mit Bart, einmal mit Perücke, als hätten sie gerade Snapchat entdeckt. Unter den vielen Nazis, die in den 1940ern nach Argentinien ausgewandert sind, gab es bestimmt einige Adolfs, und die stramme Bartmode hat sich ein echter Nationalsozialist vermutlich auch nicht so schnell nehmen lassen. Es überrascht wenig, dass das FBI damals so viele Hinweise erhalten hat.

Dass Hitler tatsächlich tot ist, wurde seit 1945 von mehreren Seiten bezeugt. Unter anderem vom Assistenten seines Zahnarztes, der die Kieferknochen von Hitler und Braun identifizieren konnte.

Noch besser werden die Geschichten, wenn es um Hitlers Privatleben geht. Vor drei Jahren fanden Forscher das Dokument eines Arztes aus dem Jahr 1923, das bestätigen soll, dass Hitler nur einen einzigen Hoden hatte. Eine Kriegsverletzung? Oder angeboren? Tatsache sei, dass Hitler kein Interesse an Sex hatte, sagen Historiker. Der Schriftsteller Volker Elis Pilgrim geht sogar so weit, zu behaupten, das fehlende Ei sei schuld am Zweiten Weltkrieg:

„Hitler war ein sexuell verwirrter Serienkiller", lese ich vor.

Lisa rümpft die Nase und schüttelt den Kopf. Es tut gut, mit ihr über den ganzen Wahnsinn zu lachen. Noch immer ist der Name Hitler ein Garant für reißerische Schlagzeilen. Dieser verkrampfte kleine Mann aus Braunau, Projektionsfläche für all das, was wir als Gesellschaft nicht mehr an uns kleben haben wollen. Das ultimative Böse. Immer wieder wird nach Absonderlichkeiten in seinem Charakter gesucht, um eine Antwort zu bekommen. Um die Abgründe seiner politischen Verbrechen zu erklären. Wieder denke ich: Wir ertragen es nicht, uns eingestehen zu müssen, dass er vermutlich gar nicht so viel anders war als wir.

Ich erzähle Lisa von meinem Besuch im Museum am Obersalzberg, Hitlers Zweitwohnsitz in Berchtesgaden. Neben Kriegspropaganda und Auswirkungen auf die Region werden dort auch Einblicke in Hitlers Alltag gezeigt. Berichte von seinem Personal, Erzählungen von den Bauern in der Gegend. Und alle sagen sie das Gleiche. Hitler war ein Langschläfer. Ist nie vor elf aufgestanden, hat sich mittags hingelegt, ist während Gesprächen eingeschlafen, wenn sie ihn nicht interessiert haben. Und er hatte eine Schwäche für Süßigkeiten, schlich nachts in die Küche, um vom „Führerkuchen“ zu naschen.

Später, in den Nürnberger Prozessen, hatte der Offizier Fritz Wiedemann für Erheiterung gesorgt, als er meinte, Hitler hätte „nicht das Zeug zum Vorgesetzten“ gehabt, weil er „nachlässig“ gewesen sei.

Wir sind schon fast drei Stunden unterwegs, und es ist Zeit für eine Pause. Lisa überholt noch ein paar LKW und fährt dann bei einer Raststätte ab. Der Wind bläst uns um die Nase, doch der Himmel ist wolkenlos. Das wird ein perfekter Drehtag. Ohne Jacke laufe ich schnell zum Haus, ziehe an der schweren Glastür und bemerke: Es ist eine McDonald's-Filiale. Mit glänzend neuer Einrichtung, Selbstbedienungs-Monitoren und dem Café-Bereich. Und ich ärgere mich über mich selbst, dass ich darüber so verwundert bin. Was hab ich von Polen erwartet? Ich war noch nie hier. Ich kenne nur die Schlagzeilen, über den einsamen Zwilling in der Regierung und die strengen Abtreibungsgesetze. Woran hab ich bei Polen gedacht, als ich meinen Koffer gepackt habe?

An den toten Bruder meines Großvaters.

Schon wieder ein toter Bruder, schon wieder ein junges, ernsthaftes Gesicht, das nicht altert. Wie einen diese Geschichten begleiten, wie sie einen prägen. Polen kenne ich seit meiner Kindheit nur im Zusammenhang mit den Reisen, die meine Großeltern unternommen haben, um das Grab des gefallenen Bruders zu besuchen. In meiner kindlichen Vorstellung lag jedes Mal Schnee zwischen zerbombten Mauern. Mein inneres Polen, das Polen, das ich mit mir trage, ist Kriegsgebiet geblieben.

Unsere Mägen und der Tank sind wieder befüllt, es geht weiter. Wir besprechen die Drehorte, die in den kommenden zwei Tagen auf dem Programm stehen. Heute werden wir mit Auschwitz-Birkenau beginnen, dem Lager, wo Jehuda mit seinen „Birkenau Boys" unterwegs war. Und morgen drehen wir im Stammlager Auschwitz. Mit seinen unglaublichen Dimensionen ist das Konzentrationslager Auschwitz nicht an einem Tag zu schaffen.

„In welchem der beiden ist die Ausstellung mit den Haaren?", frage ich.

„Im Stammlager", sagt Lisa. Und sie fragt:

„Was haben sie eigentlich mit den Tonnen an Haaren gemacht?"

Ich fische mein Handy aus der Tasche und beginne wieder zu suchen.

Es wurde weiterverarbeitet, lese ich, unter anderem sollte Garn daraus gesponnen werden, um „Füßlinge für U-Bootbesatzungen herzustellen". Auch Industriefilz und Zeitzünder für Bomben standen auf der Liste. Die Vorstellung ist grauenhaft, und ich denke an die vielen alten Gegenstände am Dachboden meines Elternhauses. Der Volksempfänger. Die Stehlampen.

„Haben sie noch andere Körperteile verwendet?", fragt Lisa.

„Naja, die Goldzähne, die sie rausgebrochen haben."

„Und sonst?"

Ich suche weiter, stolpere über die Fragestellung, ob aus

Menschenfett Seife hergestellt wurde, und lande auf einer Seite, die mir neu ist. Sie nennt sich „Metapedia – Die alternative Enzyklopädie“ und sieht genauso aus wie Wikipedia. Sehr seriös, sehr wissenschaftlich. Doch nach ein paar Zeilen wird klar, dass es sich hier ums exakte Gegenteil handelt.

Metapedia schreibt von der „alliierten Gräuelpropaganda“, die Lügen verbreite. Von „deutschen Extremumerziehern“, von „antideutschen Horrorvorstellungen“ und vom „Nazi-Jäger Simon Wiesenthal“. Und sie schreiben:

„Die jüdische Weltbevölkerung blieb zwischen 1930 und 1947 in etwa konstant. Demnach kann die Zahl der sogenannten Holocaust-Opfer nicht größer gewesen sein als das hypothetische Bevölkerungswachstum während dieses Zeitraumes.“

Wir sind auf der Seite von Holocaust-Leugnern gelandet, und sie machen ihre Sache erstaunlich gut. Die „Seifenlüge“, wie sie sie nennen, zeigt, wie kompliziert Aufarbeitung und Geschichtsschreibung sein können, und dass der Krieg nicht mit einem Schlag aufhört, sondern weitergeht – im Streit um die Frage, was tatsächlich geschehen ist. Ja, die Nazis haben Menschenhaare verarbeitet. Da liegt der Verdacht nahe, dass sie sich auch anderer Körperteile bedient haben. Haut für Lampenschirme? Menschenfett für Seife? Beides ist nicht bestätigt, wurde immer wieder untersucht und wird als unwahrscheinlich angenommen. Doch für Gruppen, die die Idee der „Deutschen Herrenrasse“ auch nach der Kapitulation nicht begraben wollen, sind solche Zweifel gefundenes Fressen. Wenn das mit der Seife nicht stimmt, wieso sollte dann die Geschichte mit den Haaren wahr sein? Wenn „illustre jüdische Persönlichkeiten“, wie Metapedia schreibt, einfach Dinge erfinden – kann es dann nicht auch sein, dass der Holocaust eine Erfindung ist? Dass die Deutschen sich keiner Verbrechen schuldig gemacht haben?

Je mehr ich auf Metapedia lese, desto wütender werde ich.

„Dürfen die denn das?“, frage ich Lisa. „Fällt das nicht schon unters Verbotsgesetz?“

Ja, fällt es. Ich bin logischerweise nicht die Erste, die auf Metapedia landet und sich wundert. Und die Antwort auf meine Frage ist keine zwei Klicks entfernt. Im Innenministerium, heißt es, werde gerade geprüft, ob es möglich sei, die rechtsextreme Website Metapedia für Österreich sperren zu lassen. Die Seite sei auf einen Schweden zugelassen – Daniel Friberg, eine Leitfigur der Neuen Rechten in Europa. In Deutschland sei Metapedia über Google nicht mehr abrufbar, weil die Website in die Liste der jugendgefährdenden Medien aufgenommen wurde. In Österreich laufe eine „Anzeige gegen Unbekannt" – und die Causa liege im Augenblick bei Google.

Polnische Industriestädte ziehen an uns vorbei, wir spüren den Vormittagsverkehr an den Knotenpunkten. Bald müssten wir ankommen, und ich beende meine Recherchen und nutze das Smartphone, um uns zur Gedenkstätte zu navigieren. Nach Auschwitz. Keinesfalls dürfen wir „polnisches KZ" dazu sagen, sonst drohen uns bis zu drei Jahren Haft. Erst vor wenigen Wochen hat der polnische Senat ein Holocaust-Gesetz verabschiedet, das es verbietet, Auschwitz als polnisches Lager zu bezeichnen oder Polen Mitschuld an den Nazi-Verbrechen zu geben.

Polen wurde von Deutschland besetzt, sei ein Opfer, kein Täter, sagen sie.

Und da haben wir sie wieder, die Frage nach der Schuld. Sie begleitet uns, egal, wohin wir fahren. Und dann soll noch jemand behaupten, diese alten Geschichten hätten nichts mehr mit uns zu tun.

DREIUNDZWANZIG

ICH KANN GAR NICHT GLAUBEN, DASS WIR GERADE AM ORTSSCHILD AUSCHWITZ VORBEIGEFAHREN SIND.

Auschwitz ist nur viereinhalb Stunden von Wien entfernt. Gleich lang fahre ich zu mir nach Hause, wenn ich meine Eltern besuche. Nur viereinhalb Stunden von Wien entfernt lag sie, die Hölle auf Erden, wie Esther es genannt hat. Mir war das nicht bewusst. Ich habe nie darüber nachgedacht, nach Auschwitz zu fahren. Für mich war dieses ehemalige KZ unendlich weit weg. In Polen eben. Aber das Grauen ist näher, als man manchmal denkt. Wir fahren Eisenbahn-Schienen entlang – sind das die Schienen, auf denen Millionen Juden ins KZ gebracht wurden? Plötzlich springen Keiler in gelben Jacken auf die Straße, die uns in ihre Parkplätze winken wollen. Hätte uns Martin Minuten vorher nicht telefonisch informiert, dass wir da nicht reinfahren müssen, weil wir noch ein Stückchen vom Besucherzentrum entfernt sind, wir wären glatt abgebogen. Parkplatz-Keiler für eine KZ-Gedenkstätte? Damit habe ich nicht gerechnet. Und noch weniger mit dem Bild, das sich uns wenige Minuten später bietet. Lilly und ich starren mit weit aufgerissenen Augen auf den Parkplatz vor dem Besucherzentrum. Geschätzte 20 Reisebusse parken dort, unzählige Menschen wuseln herum, es gibt einen Kiosk und einen „Museumsshop". Ein ehemaliges KZ als Touristenmagnet.

Beim Besucherzentrum angelangt, schiebe ich meine Interviewanfrage inklusive der Drehgenehmigung durch das kleine Loch in der Glasscheibe.

„Just wait a few minutes, your guide will arrive immediately", sagt der Mann hinter dem Glas. Wenige Minuten später erscheint Janusz, ein großer, ruhiger Mann Anfang 50 mit grauen Locken, der perfekt Deutsch spricht. Er führt uns durch Auschwitz. Bevor wir beginnen, müssen wir uns alle ein Pickerl auf die Jacke kleben, das uns als Pressevertreter ausweist. Wir beginnen in Auschwitz Birkenau.

Auschwitz-Birkenau war das größte Vernichtungslager während der NS-Zeit. Es sind diese Bilder, die traurige Berühmtheit erlangt haben, die Schienen, die durch ein großes, Furcht einflößendes Tor führen. Die sogenannte Rampe. Etwa 1,1 Millionen Juden wurden in Auschwitz-Birkenau ermordet. Je näher wir an das Lager heranfahren, desto nervöser werde ich. Ich habe Angst, dass mich dieses ehemalige KZ und die Katastrophe, die sich hier ereignet hat, so sehr mitnimmt, dass ich meine Professionalität nicht wahren kann. Als wir durch das große Eingangstor treten, bin ich wie erstarrt. Nicht wegen der Vergangenheit, sondern wegen der Gegenwart. Ich sehe fast nur Menschen. Und viele von ihnen machen Sachen, die mir komisch erscheinen. Sie machen lächelnd Selfies von sich und den Gleisen, fotografieren sich vor Stacheldraht oder Baracken. Ist das pietätlos oder einfach ein Abbild unserer Zeit? Ich weiß es nicht.

Lilly steht neben mir, dick eingepackt mit Haube und Handschuhen. Es hat minus acht Grad. Janusz erklärt uns, dass wir einen guten Tag erwischt haben, normalerweise hat es hier um die minus 30 Grad. Lilly schaut nicht gut aus, sie hat rote Wangen und gla-

AUSCHWITZ

Auschwitz in Polen war der größte Konzentrationskomplex der Nazis. Er bestand im Wesentlichen aus zwei großen Lagern.
Dem Konzentrationslager Auschwitz I, dem Vernichtungslager Birkenau-Auschwitz II und ca. 50 weiteren Außenlagern. Aus ganz Europa wurden überwiegend Juden mit Zügen in dieses Lager transportiert. Eine Besonderheit für Auschwitz waren die medizinischen Experimente, die vom SS-Arzt Josef Mengele durchgeführt wurden. Er experimentierte mit der Sterilisation jüdischer Frauen und führte Experimente auch an Kindern durch, mit Vorliebe an Zwillingen.
Das erste Lager, Auschwitz I, wurde 1940 auf Befehl von Heinrich Himmler gebaut. Über dem Eingang montierten die Nazis das Schild „Arbeit macht frei" , welches heute auch als Symbol für den Holocaust weltweit bekannt ist. 1941 wurde Auschwitz II-Birkenau errichtet. Das Vernichtungslager. Durch elektrische Zäune und Stacheldraht gesichert. Das Ziel der SS war die industrialisierte Vernichtung von Menschen. Der größte Massenmord in der Geschichte begann. Die Todeszahl lässt sich nur schätzen. Viele Menschen wurden in Auschwitz erst gar nicht registriert, sondern gleich vergast und verbrannt. Forscher gehen davon aus, dass mindestens 1,1 Millionen Menschen in Auschwitz ermordet wurden. Am 27. Januar 1945 wurde Auschwitz durch die Rote Armee befreit. Zuvor hatten die Nazis versucht, alle Gaskammern und Spuren ihrer Mord-Maschinerie zu zerstören. Zehntausende völlig entkräftete Häftlinge wurden auf die sogenannten „Todesmärsche" geschickt. Die Rote Armee fand dennoch Beweisstücke der Verbrechen. In den Lagerspeichern fast acht Tonnen menschlichen Haares und mehr als eine Million Männeranzüge und Frauenkleider. Auschwitz wurde zum Symbol für den Holocaust. Das Wort Holocaust stammt aus dem Altgriechischen und heißt übersetzt „vollständig verbrannt". Oftmals wird auch das hebräische Wort Shoa verwendet, es bedeutet „die Katastrophe", „das große Unglück". Der Holocaust bezeichnet die „Judenvernichtung", den nationalsozialistischen Völkermord an mehr als sechs Millionen europäischen Juden.

sige Augen. Seit Tagen schleppt sie eine Verkühlung mit sich herum. „Gut“, sagt sie, zieht ihren Rucksack vom Rücken und holt Archiv-Bilder heraus. „Wir schaffen das. Die Leute und die Kälte stören uns nicht.“

Wir beginnen unsere Arbeit und werden schnell selbst zum Motiv. Dutzende Menschen bleiben stehen und fotografieren uns bei der Arbeit. Auch eine Erzählung für zu Hause, nicht nur Selfies von Gaskammer, Zyklon-B-Dosen und „Arbeit macht frei“-Schild, sondern auch von einem Kamerateam aus Österreich.

Wenn man in Auschwitz-Birkenau durch das große Eingangstor geht und nach rechts schaut, dann sieht man Teile der ehemaligen Baracken. Das, was noch zu sehen ist, ist nur ein Drittel des ursprünglichen Lagers, sagt Janusz. Ich kann das Ende gar nicht ausmachen, bin entsetzt von der Größe des Lagers, von dieser Vernichtungsmaschinerie, die die Nazis hier aufgebaut haben. Wir gehen in eine der Baracken. Lilly hat ein Archiv-Bild gefunden, in dem Menschen in einer Baracke sitzen und in eine Kamera schauen. Meine Aufgabe ist es, in diese Baracke zu gehen und auf die Pritschen zu schauen. In der Doku wird mein Blick dann auf das Archiv-Bild überleiten und zeigen, was hier vor nicht mal 80 Jahren passiert ist. Dann geschieht etwas für mich Beängstigendes. Ich gehe in die Baracke, und plötzlich stellen sich meine Haare auf. Es fühlt sich an, als ob man einem kleinen Kind einen Luftballon über die Haare gerieben hätte. Ich stoppe, schaue Lilly an und sage:

„Hier muss ein Luftzug sein, meine Haare stellen sich auf.“

„Ja“, sagt Lilly, „wir sehen es in der Kamera, aber da ist kein Luftzug.“

Wir drehen die Szene mehrere Male, immer wieder stellen sich meine Haare auf.

Während Lilly, Martin und Flora noch Bilder im Inneren der Baracke drehen, warte ich draußen mit Janusz. Wir schauen den unzähligen Gruppen zu, die sich durch den Gatsch quälen. Janusz erzählt mir, dass er schon sehr lange deutsche Gruppen durch

Auschwitz führt. Es ist ihm eine Herzensangelegenheit, den Menschen zu erzählen, was hier passiert ist. Ich möchte wissen, wo das Frauenlager war, jenes Lager, in dem Esther gewesen ist. Janusz deutet auf ein leeres Feld. Da hinten, aber es sind keine Baracken mehr übrig, nur noch Steine sind zu sehen, die in etwa die Form einer Baracke nachzeichnen. Auch das Familienlager von Jehuda ist nicht mehr zu sehen. Ebenfalls nicht mehr existent sind die Gaskammern und Krematorien, sie wurden von den Nazis zerstört.

Wir gehen die Schienen entlang, in Richtung dieses ehemaligen Vernichtungsbereichs. Dort, wo die Nazis so unvorstellbar viele Menschen in den Gaskammern in den Tod geschickt hatten. Auf der langen Strecke stehen etliche Wachtürme. Ich will von Janusz wissen, was es mit diesen Türmen auf sich hat. Und seine Antwort verwirrt mich.

„Ach die“, meint Janusz, „die hat mal ein Filmteam aufgebaut. Die wurden dann stehen gelassen.“

Wie kann denn das sein, man kann doch in einer Gedenkstätte keine Filmkulissen stehen lassen, denke ich. Und schon nagt in mir die Verunsicherung. Was ist mit dem Viehwaggon, der da in der Mitte des Platzes steht? Ist der echt? Was ist mit dem Stacheldraht, den Baracken? Natürlich ist das nicht mehr original, was hab ich auch erwartet, der Stacheldraht wäre längst verrostet, die Baracken in sich zusammengefallen. Aber im Grunde ist es egal, denke ich für mich. Es geht ums Andenken, und auch Gedenkstätten müssen restauriert werden, um für die Nachwelt erhalten zu bleiben.

„Wurden die Türme für Schindlers Liste aufgebaut?“, frage ich Janusz. „Nein, das war sehr viel früher. Steven Spielberg durfte gar nicht ins Lager rein“, erklärt Janusz. Die Drehgenehmigungen für ehemalige Konzentrationslager werden sehr streng vergeben. Nur für Dokumentarfilme. Spielfilme dürfen hier mittlerweile nicht mehr gedreht werden.

Wir sind im Vernichtungslager angekommen, ein elendslanger Weg. Am Ende der Schienen waren die Gaskammern und die Krematorien. Die Nazis waren sehr gründlich, sie haben alle Gaskammern, sechs an der Zahl, gesprengt. Wollten Spuren verwischen. Wir stehen vor den Trümmern einer dieser Gaskammern. Ich erinnere mich an Jehudas Erzählungen. Die Menschen mussten vor der Gaskammer in einen Raum, dort mussten sie sich ausziehen, ihre Schuhe fein säuberlich zusammenstellen und ihre Kleider aufhängen. Vor so einem ehemaligen Raum stehe ich jetzt, er ist zerstört. Nur mehr Steintrümmer sind zu sehen, Holzteile stützen die letzten verbliebenen Mauerreste. Vor dem Eingang liegen ein paar Rosen, und eine kleine Kerze brennt. Etwas weiter entfernt höre ich Menschen lachen, eine Gruppe von Schülern nähert sich. Auf der einen Seite bin ich froh, dass sich so viele Menschen dieses ehemalige Konzentrationslager anschauen. Auf der anderen Seite fehlt mir jede Form der Gedenkkultur. Mir sind hier zu viele Menschen, ich kann mich auf die Situation nicht einlassen, es hat für mich den Anschein, als wäre Auschwitz ein großes Freilicht-Museum mit schrecklichen Attraktionen, durch das man Gruppen führt und dafür Geld verlangt.

Hinter den Trümmern der Gaskammer liegt ein Birkenwäldchen.

„Weißt du jetzt, woher Auschwitz-Birkenau seinen Namen hat?“, fragt mich Janusz. Ich schaue auf die vielen Birken, durch die die Sonnenstrahlen fallen und den Schnee auf dem Boden zum Glitzern bringen.

Wenn man den Birkenwald für sich nimmt und den Rest ausblendet, dann ist das hier ein schöner Wald. Janusz erzählt weiter, davon, dass nach dem Krieg hier sehr lange keine Tiere mehr waren. Nach und nach, als der Geruch des Todes durch die Jahre verblasste, haben sie sich wieder angesiedelt. Ich habe trotzdem das Gefühl, dass wir jeden Schritt, den wir hier machen, auf der Asche verbrannter Menschen tun. Mehr als eine Million Frauen, Kinder, Männer sind hier ums Leben gekommen. Die meisten wurden vergast und verbrannt. 1500 Körper pro Tag in den Krematorien. Der Rest auf großen Haufen unter freiem Himmel. Die Asche wurde in den Fluss gestreut und über die Felder verteilt.

„Hast du gewusst, dass Juden hier in dieser Erde Botschaften an die Nachwelt vergraben haben?“, sagt Janusz plötzlich. Nein, das habe ich nicht gewusst. Ich blicke instinktiv nach unten, zu meinen Füßen, die auf einem riesengroßen, unsichtbaren Friedhof stehen. Die Zeit drängt, die Sonne geht unter, es bleibt keine Zeit mehr, Janusz nach dieser Botschaft zu fragen. Nach meiner Rückkehr suche ich nach Hinweisen auf so eine Botschaft – und ich werde fündig.

Janusz hat die Nachricht eines gewissen Marcel Nadjari angesprochen, eine Nachricht, die für große Aufregung gesorgt hat. 1944, so vermutet man, hat er in dieser Erde, auf der ich mit Janusz gestanden bin, eine Thermosflasche vergraben. Darin waren Notizen. 1980 wurde diese Flasche gefunden, die Zettel drinnen völlig vergilbt und unleserlich. Erst vor Kurzem konnten die Texte mit Hilfe spezieller Verfahren entschlüsselt werden. Das Institut für Zeitgeschichte in München hat sie erstmals auf Deutsch veröffentlicht.

Marcel Nadjari war jüdischer Grieche, er wurde nach Auschwitz deportiert und war dort einer von mehr als 2000 Häftlingen, die als Hilfskräfte des Sonderkommandos gezwungen wurden, die vielen Leichen zu beseitigen. Siebenundzwanzig Jahre war er, als er diese Nachricht geschrieben hat.

An meine Lieben,

(…)

„Unterhalb des Gartens gibt es zwei große, endlose Kellerräume. Der eine dient uns zum Auskleiden und der andere als Todeskammer, wo die Leute nackt hineingehen, und nachdem er mit etwa 3000 Personen gefüllt ist, wird er verschlossen und sie vergasen sie, wo sie nach 6 bis 7 Minuten Martyrium den Geist aushauchen. (…)

Mit Peitschen in der Hand zwangen die Deutschen sie, immer enger zusammenzurücken, damit möglichst viele hineinpassen, eine wahre Sardinendose von Menschen, danach haben sie die Tür hermetisch verschlossen. (…)

Nach einer halben Stunde öffneten wir die Türen, und unsere Arbeit begann. Wir trugen die Leichen dieser unschuldigen Frauen und Kinder zum Aufzug, der sie in den Raum mit den Öfen beförderte. Ein Mensch ergab nur etwa 650 Gramm Asche, die uns die Deutschen zu zerkleinern zwangen, um sie dann durch ein grobes Sieb zu pressen, und danach holte es ein Auto ab und schüttete es in den Fluss. (…)
So beseitigen sie alle Spuren.
Die Dramen, die meine Augen gesehen haben, sind unbeschreiblich. An meinen Augen sind etwa 600.000 Juden vorbeigezogen. (…)
Meine Lieben, wenn ihr lest, welche Arbeit ich erledigt habe, werdet ihr sagen: Wie konnte ich oder irgendjemand diese Arbeit machen und meine Glaubensbrüder verbrennen? Auch ich habe mir das anfangs gedacht, viele Male habe ich daran gedacht, zusammen mit ihnen reinzugehen, um Schluss zu machen. Aber davon abgehalten hat mich immer die Rache; ich wollte und will leben, um den Tod von Papa und Mama zu rächen und den meiner geliebten Schwester Nelli. (…)
Ich fürchte den Tod nicht, wie könnte ich ihn auch fürchten nach all dem, was meine Augen gesehen haben? (…)
Zum Tode verurteilt von den Deutschen, weil ich jüdischen Glaubens bin.
Danke, Nadjari"

Der Tag in Auschwitz-Birkenau geht zu Ende. Die Massen haben das Gelände verlassen, wir gehören zu den Letzten, die Richtung Ausgang gehen. Die Sonne steht tief am Horizont, und es wird immer kälter. Zum ersten Mal kann ich hier in Auschwitz andächtig und besinnlich sein und mich meinen inneren Gefühlen und Gedanken hingeben. Ich gehe an dem Platz vorbei, an dem Esther mit dem Mädchenorchester spielen musste. Ich schaue zurück, dorthin, wo Jehuda als Bub im Rollwagenkommando gearbeitet hat. Ich stehe an jenem Platz, an dem die Juden aus den Zügen herausgeprügelt wurden und an dem der SS-Arzt Mengele seine Selektionen durchgeführt hat. Ich kann meinen Körper kaum mehr bewegen, so kalt ist mir. Und dann denke ich an Esther, die eine Woche gehungert hat, damit sie sich einen Pullover kaufen konnte, weil ihr so kalt war. Was denken wohl all die Besucher von Auschwitz nach ihrem Besuch? Gibt ihnen das Gesehene zu denken? Oder sind sie froh, dass ein Punkt auf ihrer Holocaust-Reise abgehakt ist, bevor es vielleicht weitergeht zur Wolfsschanze, dem ehemaligen Führerhauptquartier? Mit dem Auto in sieben Stunden von Auschwitz zu erreichen. Über Lodz und Warschau.

Bis zu 10.000 Besucher gehen pro Tag durch Auschwitz, erklärt mir Janusz. Er ist froh, dass so viele Menschen kommen. Und glaubt fest daran, dass auch die, die hier Selfies machen und lachend auf den Gleisen posieren, vor der Abreise etwas empfinden. Ich glaube nach diesen wenigen Stunden mittlerweile auch daran. Auschwitz hinterlässt Spuren.

Weil wir am nächsten Tag in Auschwitz drehen, übernachten wir hier – im neuesten Hotel am Platz. Direkt am Gelände des ehemaligen Konzentrationslagers. Auschwitz ist ein gigantischer Wirtschaftsfaktor. Unser Guide kostet mehr als 300 Euro. Das reichliche Abendessen inklusive Getränke hier im Restaurant bescheidene 15 Euro. Ist es gut, mit so einem Ort Geld zu machen? Ist es vielleicht die einzige Möglichkeit, das Grauen für die Nachwelt zu erhalten?

1947 hat das Museum in Auschwitz eröffnet. Seitdem haben mehr als 25 Millionen Menschen den Ort besucht. 2016 wurden erstmals mehr als zwei Millionen Besucher pro Jahr in Auschwitz gezählt. Auch andere NS-Gedenkstätten hat der Massentourismus längst erreicht. Andererseits ist das nichts Neues – Karl Kraus hat schon in den 1920er Jahren über die „Reklamefahrten zur Hölle" geschimpft, Sightseeing auf den Spuren des Ersten Weltkrieges. Heutzutage wird in den Städten, die rund um Auschwitz liegen, für Auschwitz-Touren geworben. Im Internet finden sich zahlreiche

Angebote für „Auschwitz-Fahrten“, oder „Zweite-Weltkrieg-Touren“, das ehemalige Führer-Hauptquartier „Wolfsschanze“ inklusive. Besuchen Sie Auschwitz und die Wolfsschanze! Tickets erhältlich. Fast so wie: Besuchen Sie Schönbrunn und das Sisi-Museum! Tickets verbilligt.

Kameramann Martin Gerhartl und Regisseurin Elisabeth Gollackner beim Dreh in Auschwitz

Es ist nicht leicht, zwischen Erinnerungskultur und touristischer Nutzung einen pietätvollen Bogen zu finden. Alle Gedenkstätten haben wohl den Wunsch, ihren Besuchern Geschichte zu vermitteln. Aber kann man hier noch die Würde der Opfer wahren?

Es ist Zeit für das Abendessen. Wir sitzen zu viert ganz alleine in dem großen Speisesaal, wir sind, wie es scheint, die einzigen Gäste. Martin beginnt von unserem heutigen Dreh zu sprechen, wir lassen den Tag Revue passieren und diskutieren viel über die Frage, wie richtiges Gedenken geht. Gibt es überhaupt ein „richtiges" Gedenken oder muss jeder die Art, wie er mit der Geschichte umgeht, für sich selber finden? Wir verabschieden uns früh in unsere Zimmer. Die Aussicht auf einen weiteren Tag in der Kälte ist nicht gerade verlockend, und morgen müssen wir es schaffen, vor allen anderen Besuchern in der Gedenkstätte zu sein. Das heißt: Sehr früh aufstehen.

Im Zimmer angekommen, zeigt mein Handy drei neue Nachrichten an. Ich öffne sie und sehe ein Foto meines Mannes mit einem seiner besten Freunde. Benny und Peter halten ein Glas Wein in der Hand und lächeln in die Kamera. Darunter steht:

„Peter hat mich gerade gefragt, ob ich sein Trauzeuge sein möchte!"

Ich lächle das Foto an. Freue mich über die Freude meines Mannes und über Peters Glück. Er und seine Freundin Ines haben vor Kurzem eine Tochter bekommen. Da sitze ich also in Auschwitz, einem der grauenvollsten Orte der Welt, und plötzlich liegen Glück und Trauer für mich so eng zusammen.

ELISABETH

VIERUNDZWANZIG

TAG ZWEI BEGINNT NOCH VOR ÖFFNUNG DER GEDENKSTÄTTE AUSCHWITZ BEI ZERMÜRBENDEN MINUS ZEHN GRAD.

Wir brauchen für die Vorschau im Fernsehen eine Aufnahme, wo Lisa durch das berühmte „Arbeit macht frei"-Tor geht und dabei ein paar Sätze sagt. Und nach den Erlebnissen von gestern wissen wir, dass so etwas zwischen den Besuchermassen schwer möglich sein wird. Deshalb treffen wir Janusz so früh wie nur möglich am vereisten Parkplatz. Während wir noch Kamera, Tragegurte und Tonangel aus dem Auto holen, fahren schon die ersten großen Reisebusse heran.

Auschwitz ist wie ein Horror-Disneyland, die Massenvernichtung zieht den Massentourismus an. Vor dem Haupttrakt stehen Imbissbuden und Getränkeautomaten, die Sicherheitsvorkehrungen am Eingang ähneln denen am Flughafen, und es dauert eine halbe Ewigkeit, bis Martin und Flora mit all ihren Geräten durch Röntgenkontrolle und Körpercheck durch sind. Während ich auf sie warte, schaue ich mich im Besucherzentrum um, das sich langsam mit aufgeregten Jugendlichen füllt. Drehkreuze sollen verhindern, dass zu viele Menschen auf einmal das Gelände betreten. Und auf Monitoren über mir wird angezeigt, wann die nächste Führung startet. In 30 Minuten beginnt die erste auf Französisch, dann eine auf Englisch, eine auf Japanisch, ... durchgetaktet schiebt Auschwitz seine Besucher durch die Backsteinbauten, bis um 16.00 Uhr die Tore wieder schließen.

Janusz kennt die Abläufe nur zu gut, seit 30 Jahren führt er deutschsprachige Gruppen durch die Abgründe der jüngeren Geschichte. Deshalb drängt er uns zur Eile, bringt uns zum Eisentor und lenkt die ersten nachkommenden Gruppen höflich in eine andere Richtung, damit sie uns nicht durchs Bild laufen. Lisa schält sich aus ihrer roten Daunenjacke und steht im schwarzen Mantel vor mir, quasi ihrer Arbeitsuniform. Als wir ihn vor ein paar Wochen ausgesucht haben, haben wir nicht mit der arktischen Kälte gerechnet, die uns hier umklammert. Ich bewundere sie. Mein Schal bedeckt mein Gesicht bis unter die Nase, über die Wollhaube hab ich noch meine Fellkapuze gezogen, doch Lisa trägt nur ihren leichten Mantel, keine Haube, keine Handschuhe, spricht ihre Moderationen in die Kamera und hält wacker durch.

„Mein Mund ist irgendwie eingefroren“, sagt sie, als wir alles im Kasten haben, und schiebt lächelnd ihr Unterkiefer hin und her.

Wir gehen ein paar Straßen weiter, und ich bitte Martin, sehr nahe Aufnahmen von Lisas Gesicht zu machen, mit den Häusern im Hintergrund. Die Sonne kommt gerade durch die Wolken, und das Bild, das ich vor mir am Kontrollmonitor sehe, ist für unseren Film unbrauchbar. Denn inmitten der roten Ziegelhäuser, mit der Sonne im Gesicht, sieht es aus, als wäre Lisa in einem Astrid-Lindgren-Roman gelandet. Nichts deutet auch nur ansatzweise darauf hin, was hinter diesen Mauern geschehen ist. Auschwitz sieht aus wie eine Wohnsiedlung in Stockholm, rote Häuserblocks, Reihe an Reihe, mit kleinen Vordächern und ein paar Stufen. So hat es also begonnen, die Behausungen noch einigermaßen menschenwürdig, die Ausmaße noch überschaubar. Janusz erzählt das Gleiche wie auch Bernhard in Mauthausen, dass KZ nicht gleich KZ war, dass Überlebende Unterschiedliches berichten, je nachdem, wo sie gelandet sind und wofür sie eingesetzt wurden, alles Willkür, alles ein großes Spiel auf Leben oder Tod, und dass der Alltag für manche hier sogar ganz erträglich war. Ich stehe an einer Straßenkreuzung und zähle fünf, sechs Querstraßen. Wie schnell den Nazis auch dieses Gelände zu klein wurde. Und wie schnell es mit allem bergab ging. Wie schnell sie von Ziegel auf Holz umstiegen, um noch mehr Baracken bauen zu können, noch mehr Menschen in ihre Todesmaschinerie einzuschleusen, 600 Baracken waren es im Lager Birkenau, und wer brauchte dort schon ein Haus aus Ziegeln, schließlich war es nur ein Zwischenstopp auf dem Weg ins Gas.

Wir betreten Block 4 und 5. Sie wurden zur Dauerausstellung umgebaut. Eine Ausstellung, die kaum Worte benötigt. Hinter Fensterscheiben türmen sich die Gegenstände aus den Effektenkammern, die Habseligkeiten, die die Nazis den Ankommenden abgenommen haben. Brillengestelle, tausende, ineinander verkeilt, eine düstere Wolke aus Draht und zerbrochenen Gläsern. Der nächste Raum ist voll mit Töpfen, Bechern, Gabeln und Messern. Wir gehen weiter, einen engen Gang entlang, und links und rechts von uns erheben sich Berge aus Leder, es sind Schuhe in allen Formen und Größen, ausgebeult und abgetragen, ihre Verformungen das Echo von Körpern, die es nicht mehr gibt. Vermutlich hatten sie auch einmal verschiedene Farben, doch der Zahn der Zeit nagt an ihnen und verwandelt die Individualität von damals in ein Meer aus Braun. Das nächste Fenster ist etwas kleiner, und erst beim zweiten Blick erkenne ich, was darin aufbewahrt wird. Es sind Baby- und Kinderschuhe.

Der Rest dieses Raumes ist mit Koffern gefüllt. Eckige Lederkoffer, Körbe, Holztruhen. Mit dicken weißen Pinselstrichen wurden sie beschriftet – Vornamen, Nachnamen, Städte, Straßen. Buchstaben voller Hoffnung, dass man aus diesem Chaos wieder nach

Hause fahren würde. „Waisenkind 615“ steht auf einem der Koffer. Auf einem anderen lese ich meinen Namen.

Elisabeth.

Und keinen Meter entfernt liegt ein Koffer, der den Namen meiner Tochter trägt. Ich kann es nicht glauben. Regungslos stehe ich vor der Glasscheibe und starre auf die weiße Schrift. Die Distanz zu all dem Wahnsinn, die ich mir erarbeitet und behutsam erhalten habe, um diesen Film machen zu können, bröckelt, stürzt in sich zusammen, und zum ersten Mal in diesen Monaten kämpfe ich mit den Tränen. Das könnte mein Koffer sein. Das könnte ich sein, die Frau, die mit ihrem Kind auf dem Bahnsteig steht und zu den Duschen geschickt wird. Ein zynischer Witz der Geschichte hat die andere Elisabeth hundert Jahre früher in die Welt gesetzt, und sie ist mit ihrem Koffer hier angekommen. Sind es auch ihre Haare, die in Block 4 zu sehen sind, die aufgetürmt und verfilzt wie ein totes Tier im Dunkeln liegen?

Janusz gibt uns ein Zeichen, dass die wartenden Gruppen vor der Tür schon zu viele geworden sind und wir den Dreh beenden müssen. Ein paar Aufnahmen nehmen wir beim Gang nach draußen noch mit, vom Stacheldraht und dem Luftschutzbunker, der einmal eine Gaskammer war und jetzt, viele Jahre später, wieder zu einer umgebaut wurde, um auch in Auschwitz eine Gaskammer zeigen zu können.

Mittag sind wir mit unserer Arbeit fertig, und Lisa und ich steigen ins Auto und machen uns auf den Heimweg. Lisa dreht die Heizung auf Hochtouren, das ganze Auto bläst und braust, doch ich friere noch immer, seit Mauthausen krieg ich die Kälte nicht mehr aus meinem Körper.

„Ich glaube, ich werde krank“, sage ich.

Lisa fährt zu einer Raststätte, besorgt mir ein Mineralwasser und drückt mir ein Aspirin in die Hand.

„Das wird schon wieder“, sagt sie.

Den Rest der Fahrt reden wir über Sommerurlaube.

Als ich zu Hause ankomme, läuft mir meine eineinhalbjährige Tochter mit wackeligen Schritten entgegen. Seit einigen Wochen kann sie gehen, und sie tut es stolz wie eine Königin nach einem Schlaganfall. Mit ihren acht Zähnen lacht sie übers ganze Gesicht und fällt mir um den Hals. Ich hebe sie hoch, drücke und küsse sie, schon will ihr wendiger kleiner Körper wieder weiter, zurück auf den Boden, auf in die Welt. Eine Stunde darf sie noch herumtoben, dann bringe ich sie ins Bett. Heute fällt es mir schwer, sie loszulassen. Schlafend liegt sie in meinen Armen, ein warmes Bündel voll Leben, und wild klopft ihr Herz unter den bunten Streifen ihres Pyjamas.

Was so ein Körper alles aushalten kann.

Bis jetzt hatte dieser Gedanke etwas Positives. Es war das Mantra, in das ich als frische Mutter gewickelt wurde – keine Sorge, die halten viel mehr aus, als man denkt. Es war die Sicherheit, mit der ich mich beim Sport ins Getümmel warf. War die Hoffnung, mit dem ich mich über die faden Wochen mit Gips hinwegtröstete. Es war der Satz, den mir die Ärztin mitgab, als mein Mann mit dem Baby die Treppe runterpolterte: „Keine Sorge, wir können viel einstecken. Sonst wäre der Mensch nicht so ein Erfolgsmodell der Natur geworden."

Heute macht mir dieser Gedanke Angst. Ich frage mich, was die Besitzerin des Koffers alles mitmachen musste. Was sie sehen und spüren musste. Wie lange ihr Körper durchgehalten hat, bevor es endlich zu Ende war. Ich frage mich, wie die Welt sich in den nächsten hundert Jahren entwickeln wird, ob die politische Lage eskalieren wird und wir auf neue Kriege zusteuern. Vorsichtig streichle ich über den Rücken meines Kindes, sie seufzt zufrieden im Schlaf. Und ich wünsche und hoffe und bete, dass dieser kleine Körper niemals beweisen muss, was Menschen auszuhalten imstande sind.

FÜNFUNDZWANZIG

UND SCHLUSSENDLICH HAT ES MICH DOCH NOCH ERWISCHT.

Ich liege krank zu Hause im Bett. Ein letzter Drehtag fehlt noch – das Interview mit Jennifer Teege, der Enkelin eines Massenmörders. Wie gerne würde ich sie kennenlernen. Aber Lisa drängt mich, liegen zu bleiben.

„Du brauchst deine Kräfte für den Schnitt nächste Woche", sagt sie. Mein Widerstand ist nicht sehr groß, ich liege verrotzt zwischen Bergen aus Taschentüchern und fühle mich unendlich müde. Doch eine Sache gibt es noch zu tun, bevor ich mich wieder schlafen legen kann. Ein Telefonat fehlt noch. Denn die Zahnräder unseres Projektes drehen sich weiter, die Produktionstage sind genau geplant, und ab heute arbeiten Joanna, die Grafikerin, und Lisa-Marie, die Cutterin, an den Spezialeffekten. Es geht um die Zeitsprünge, diesen Jetzt-damals-Effekt mit den Orten, die wir gesucht haben, in den Archivbildern, in Wien und in den Konzentrationslagern. Und Joanna und Lisa-Marie brauchen einen Arbeitsauftrag von mir.

Grafikerin Joanna Sumyk, sie entwirft die grafischen Elemente für die Dokumentation.

Genauso wie Martin und Flora waren auch diese beiden Frauen von Anfang an eingebunden. Ich hab ihnen von meinen Ideen erzählt, und noch viel wichtiger: von dem, wie sich das Ganze anfühlen soll. „Look & Feel" nennt sich das im Fernsehjargon. Tagelang bin ich ihnen in den Ohren gelegen, hab von muffeligen Kellern erzählt, von Stacheldraht und von speckigen Papierdokumenten in den Archiven. Von dem Wunsch, das Historische spürbar zu machen, aber nicht zum Museum zu werden, sondern zu zeigen: Diese alten Geschichten werfen ihre Wellen bis heute, wir stehen auf denselben Steinen, und wir fürchten uns vor den gleichen Feindbildern. Wie können wir das grafisch umsetzen? Welches Schnitttempo wählen wir? Welche Musik setzen wir ein, und setzen wir überhaupt Musik ein?

Sie wissen, dass ich heute nicht ins Büro kommen werde. Deshalb treffen wir uns per Videoanruf.

„Hallo!"

Zwei Köpfe erscheinen auf meinem Handy, und sie sind bestens gelaunt. Nach ein bisschen Plauderei drehen sie ihre Kamera Richtung Monitor und zeigen mir die Entwürfe. Joanna hat mit alten Polaroid-Rahmen gearbeitet, die an den Rändern ausfransen und an der Oberfläche brechen. Über den Bildern liegt ein Filter, der unaufdringlich, aber doch spürbar an das Flackern von alten 35-mm-Filmen erinnert. Lisa-Marie schlägt ein halblautes Klack-Geräusch vor, in dem Moment, wo sich das Bild ändert. Sie zeigt mir eine Möglichkeit der Farbkorrektur, mutig und auffällig. Und sie erzählt, dass sie alles an Drehmaterial bereits in einem Projekt angelegt und sortiert hat, inklusive Archivfilmen.

Ich bin begeistert und so erleichtert. Auch wenn ich mein Team kenne und allen vertraue, sind die letzten Tage einer Produktion schwierig. Ein Nadelöhr, ein Flaschenhals, jetzt klatscht alles aufeinander. Monatelang strömen wir aus, in verschiedene Richtungen, um zu recherchieren und Dinge einzuholen. Und dann wird alles auf einen Tisch gelegt. Passen die Teile zusammen? Kann ich beginnen, daraus einen Film zu bauen – oder müssen wir nochmal retour, nochmal zum Anfang? Das, was mir Joanna und Lisa-Marie zeigen, fügt sich nahtlos ein in die Vorstellungen, die ich im Kopf habe. Die Grafikeffekte passen zur Musik, die ich verwenden möchte, und als ich Lisa Gadenstätter am Monitor sehe, wie sie den Appellplatz in Mauthausen entlanggeht, plötzlich schwarz-weiß wird, und der Zeitsprung den Platz mit KZ-Häftlingen füllt, bekomme ich Gänsehaut.

Genau das haben wir vor Monaten in der Kantine besprochen.

Genau so.

Alles liegt bereit. Und nächste Woche machen wir das Ding fertig. Wir finalisieren unsere erste Fernsehdokumentation.

SECHSUNDZWANZIG

DAS LETZTE INTERVIEW STEHT AN.

Die Frau, mit der ich sprechen möchte, heißt Jennifer Teege. Sie ist die Enkelin von Amon Göth. Jenem KZ-Kommandaten, den Aba Lewit in Plaszów erlebt hat. Erst mit 38 Jahren erfährt Jennifer Teege, dass sie die Enkelin eines der grausamsten Massenmörder der Geschichte ist. Diese Erkenntnis hat ihr Leben verändert, sie zu Beginn in eine tiefe Depression gestürzt. Später hat Teege ein Buch darüber geschrieben. „Mein Großvater hätte mich erschossen", heißt es. Warum hätte er sie erschossen? Weil sie so gar nicht dem Wunsch eines Nazis entspricht, kein „reinrassiges" Blut in sich trägt. Jennifer Teege ist die Tochter einer deutschen Mutter und eines nigerianischen Vaters. Ihre Geschichte ist so vielschichtig, dass man sie hier gar nicht in all ihren Facetten erzählen kann. Ich habe Jennifer Teeges Buch gelesen, und es hat mich wirklich berührt. Wer sich jemals die Frage gestellt hat, wie es sein muss, die Nachfahrin eines Nazi-Mörders zu sein, der bekommt in diesem Buch die schonungslose Antwort. Jennifer Teege ist eine starke Frau, und ich will erfahren, wie sie jetzt mit dem Thema Schuld umgeht, worin sie ihre Verantwortung sieht und was ihre Empfehlung für Jugendliche ist.

Ich schreibe an den Verlag, frage um ein Interview an. Jetzt heißt es warten.

Währenddessen suche ich nach einem geeigneten Interview-Ort. Ich stelle mir eine Location mit Blick über Wien vor. Da fällt mir der Flakturm im 6. Wiener Bezirk ein. Das „Haus des Meeres" ist dort untergebracht, und ganz oben gibt es ein Café mit einer wundervollen Dachterrasse. Da möchte ich das Gespräch mit Jennifer Teege führen.

Die Flaktürme sorgen seit jeher für Diskussionen. Die einen wollen das Kriegsrelikt endlich weghaben, die anderen wollen es so stehen lassen, wie es ist, als Mahnmal. Zur Zeit meiner Interviewanfrage ist der Flakturm wieder besonders oft in den Medien. Die Anti-Kriegs-Botschaft des Künstlers Lawrence Weiner hat es in die Zeitungen geschafft. „Zerschmettert in Stücke (im Frieden der Nacht)" steht ganz oben am Turm, weit sichtbar und gut leserlich. Im Gedenkjahr 2018 wird medial darüber diskutiert, ob es legitim ist, dass diese Botschaft verschwindet, denn der Zoo plant massive Umbauarbeiten, eine Glasfassade soll das Gebäude großteils umhüllen. Da ist kein Platz mehr für den Anti-Kriegs-Spruch. Dass das ausgerechnet im Gedenkjahr passieren soll, sorgt für Wirbel. Dementsprechend sensibel ist man im „Haus des Meeres". Meine Interviewanfrage für die Terrasse wird nicht gerne gesehen, für eine Holocaust-Doku würde man eher den Raum „Erinnern im Inneren" bevorzugen. Die Pressesprecherin schickt mir Bilder. Ein kleiner Raum, der die frühere Nutzung des Flakturms zeigt. Ein dunkelbrauner kleiner Tisch mit Stühlen, ein Funkgerät, Kriegsrelikte an den Wänden, eine alte mechanische Schreibmaschine, ein altes Radio, eine dunkle und bedrückende Atmosphäre. Ich schrecke zurück. Das ist eine wichtige Aufarbeitung der Geschichte und Teil des Flakturms, aber mein Interview soll sich um die Zukunft drehen, nicht um die Vergangenheit. Mit dem Blick nach vorne, über Wien hinaus. Die Vorstellung, Jennifer Teege in diesen Raum zu führen, lässt mich schaudern. Ich rufe die Pressesprecherin an und erkläre meine Sichtweise. Das ändert die Dinge, man erlaubt mir, doch auf die Dachterrasse zu gehen. Denn auch im Flakturm will man nach vorne schauen, und nicht mehr so oft und ausschließlich mit dem Krieg in Verbindung gebracht werden, heißt es.

Angesichts dieser Diskussion frage ich mich: Ist das ein legitimer Wunsch? Wie viel Zeit muss tatsächlich vergehen, dass man weitermachen darf? Und darf man das überhaupt? Vom Vernichtungslager Gusen, einem Nebenlager von Mauthausen, ist fast nichts mehr zu sehen. Ab 1956 wurde das Gelände des ehemaligen Konzentrationslagers in Parzellen eingeteilt, und es entstand eine Siedlung. Die noch vorhandenen Steine aus den Lagermauern und Wachtürmen wurden zum Teil als Material für den Hausbau der Siedlung verwendet. Das ehemalige KZ-Bordell ist jetzt ein Wohnhaus. Die Kommandantur der Lagerführung eine Villa im Landhausstil. Und in den gemauerten Häftlingsblocks wurden lange Zeit Champignons gezüchtet. Außerdem dienen sie als Wohngebäude.

Oder die Seegrotte Hinterbrühl. Mit 6000 Quadratmeter der größte unterirdische See Europas. Mit kleinen Booten kann man durch die Grotte fahren. Im Zweiten Weltkrieg war diese Seegrotte ein Arbeitslager. Eine Flugzeugfabrik. Der See wurde 1944 ausgepumpt und eine Bodenfläche einbetoniert. Dann wurden dort Flugzeugteile erzeugt. 2000 Arbeiter, darunter viele Zwangsarbeiter, sollten einen der ersten Düsenjets der Welt dort herstellen. Wie ist das also mit der Erinnerungskultur? Brauchen wir diese Orte, um das Erinnern nicht zu verlieren? Wie schafft man den Konflikt Vergangenheitsbewältigung und Blick in die Zukunft? Oder folgendes Beispiel: In einem kleinen Ort in Deutschland wollte man Flüchtlinge auf einem ehemaligen KZ-Gelände unterbringen. Menschen, die von Krieg, Flucht und Terror traumatisiert sind, auf einem ehemaligen KZ-Gelände? Ist das vertretbar?

Ich werde Jennifer Teege also im Flakturm in Wien interviewen. Dass dieses Gespräch überhaupt stattfindet, damit hab ich lange Zeit gar nicht mehr gerechnet. Denn meine erste Interviewanfrage wurde abgelehnt. Ich erinnere mich, wie ich vor meinem Computer sitze und enttäuscht auf die E-Mail des Verlags starre.

„Danke für Ihre Anfrage, aber Jennifer Teege möchte kein Interview geben." Ich atme durch, gehe zu Lilly und der Chefin und teile ihnen die Absage mit. Ich erkenne auch bei ihnen Enttäuschung. Teege wäre wirklich eine gute und wichtige Interviewpartnerin gewesen. Ich greife zum Telefon und rufe die Pressevertreterin im Verlag an. Ich will wissen, warum Jennifer Teege nicht mit mir reden möchte. Die sehr freundliche Pressedame weiß es auch nicht. Sie hat nur die Antwort bekommen, dass Teege sich für das Angebot bedankt, aber nicht möchte. Ich frage, ob ich nochmals eine Mail schreiben darf, vielleicht habe ich mein Anliegen ja nicht gut genug erklärt. Gerne, sagt die Pressedame, aber sie kann nichts versprechen.

Nach dem Gespräch bin ich nachdenklich, warum will Jennifer Teege kein Interview geben? Ihre Geschichte ist doch so

FLAKTÜRME

1942 wurde mit dem Bau der Flaktürme in Wien auf Wunsch von Adolf Hitler begonnen. Sechs Abwehr- und Schutzbauten wurden insgesamt erstellt. Auch in Berlin und Hamburg wurden solche Türme errichtet. Sie sind aus Stahlbeton gebaut und dienten in den Jahren 1942 bis 1945 als Luftschutzanlagen mit Flugabwehrgeschützen. Nach Ende des Krieges hätten die Flaktürme mit Marmor verkleidet und als Denkmäler für gefallene deutsche Soldaten genutzt werden sollen.

beeindruckend. Und da dämmert es mir: Ja, die Geschichte ist beeindruckend, aber immer darauf reduziert zu werden ist nicht so beeindruckend. Jennifer Teege ist eine eigenständige Person. Sie ist Jennifer Teege – und nicht die Enkelin von Amon Göth. Ich schreibe ihr genau das. Ich bin natürlich an ihrer Geschichte interessiert, und ich werde darüber in der Doku sprechen, aber ich bin auf kein Sensationsinterview aus. Ich will ihre persönliche Geschichte nicht wieder bis ins kleinste Detail erzählen. Ich will von Teege wissen, wie sie mit dem Thema Schuld umgeht und was sie Menschen zu sagen hat, die, so wie wir, die dritte Generation sind. Die mit dem Thema Holocaust null zu tun haben. Warum ist es für diese Menschen wichtig, das Thema nie zu vergessen? Ich schicke meine Mail ab, hinterlasse meine Telefonnummer und warte.

Tage später habe ich die Hoffnung aufgegeben, ein Interview mit Jennifer Teege zu bekommen. Ich habe deshalb im Internet nach anderen Verwandten von Nazi-Verbrechern gesucht. Katrin Himmler etwa ist eine deutsche Politikwissenschaftlerin und Autorin. Sie beschäftigt sich mit den Themen Rassismus und Interkulturalität. Heinrich Himmler, einer der mächtigsten Nazi-Führer, der „Organisator" des Holocaust, war ihr Großonkel. Katrin Himmler hat vor Jahren ein Buch über ihre Geschichte geschrieben. Vielleicht möchte sie ja mit mir über ihre Familiengeschichte, die so viel Leid mit sich bringt, sprechen? Ich finde eine E-Mail-Adresse und frage um ein Interview an. Ein paar Tage später bekomme ich eine Mail retour. Es ist tatsächlich eigenartig, wenn am Computer plötzlich eine Mail aufploppt mit dem Absender: Himmler. Katrin Himmler sagt ab. Es ist eine sehr freundliche Nachricht, sie hat beschlossen, nicht mehr öffentlich über ihre Geschichte zu sprechen. Ich verstehe sie. Sie wünscht mir viel Glück für meine Doku.

Ich beginne, über die Nachfahren von NS-Tätern zu recherchieren. „Meine Familie, die Nazis und ich" – eine Dokumentation des israelischen Regisseurs Chanoch Ze'evi, in der fünf Nachfahren von NS-Größen porträtiert werden. Was bedeutet es, von Massenmördern abzustammen? Und wie geht man damit um? Bettina Göring etwa, die Großnichte des Luftwaffenchefs Hermann Göring, ist in die USA ausgewandert. Die Last ihres Familiennamens hat sie weit hinter sich gelassen. Wie weit diese Last reicht, zeigt sich in folgender Entscheidung: Sie und ihr Bruder haben sich sterilisieren lassen, um keine weiteren Görings mehr zu produzieren, wie sie in der Doku erzählt. Dass „böse Gene" vererbt werden, hält Katrin Himmler für Blödsinn. Denn dann wären die Nazis ja bestätigt, in ihrer „schwachsinnigen Überzeugung, dass alles nur vom Blut abhängt", sagt sie in einem ihrer früheren Interviews. Katrin Himmler hat einen Israeli und Nachfahren von Holocaust-Opfern geheiratet. Eine ähnliche Geschichte wie bei Jennifer Teege. Sie ist zwar nicht mit einem Israeli verheiratet, hat aber lange Zeit in Israel gelebt, spricht Hebräisch und hat viele Holocaust-Überlebende unter ihren Freunden.

Tage später klingelt mein Handy. Ich sitze gerade beim Frühstück, lese die Zeitung und beschäftige mich mit österreichischer Innenpolitik. Eine deutsche Nummer erscheint auf meinem Handy-Display.

„Teege", sagt eine freundliche Stimme am anderen Ende der Leitung. Mir läuft ein kleiner Schauer den Rücken hinunter.

„Hallo, Frau Teege, das freut mich aber, dass sie mich anrufen."

Teege bedankt sich für die Mail, die ich ihr geschickt habe, und sie sagt das Interview tatsächlich zu. Wenn's um die Zukunft und die Lehren aus der Vergangenheit geht, dann ist sie dabei. Das ist ihr wichtig, denn sie hat eine Botschaft, die sie weitergeben möchte. Sie wird nach Wien kommen. In jene Stadt, in der ihr Großvater Amon Göth geboren wurde.

Jetzt ist es so weit. Ich bin mit Jennifer Teege verabredet, zehn Uhr, Haus des Meeres. Ich stehe in der Kälte, im Schneegestöber und warte. Ja, es ist immer noch verdammt kalt, das zieht sich durch unsere Produktion. Eine Minute nach zehn läutet mein Handy. Es ist Jennifer Teege, die sich entschuldigt, dass sie ein paar Minuten zu spät ist. Kurz darauf sehe ich sie, sie läuft über den großen Vorplatz, direkt auf mich zu. Ich starre sie an, so fasziniert bin ich von der Ausstrahlung dieser Frau. Sie ist groß, überragt mich um fast 15 Zentimeter. Wir finden sofort eine Gesprächsbasis. Die ganze Fahrt hinauf zur Dachterrasse plaudern wir. Und jeder, der schon mal im Haus des Meeres war, weiß, diese Fahrt kann lang werden. In fast jedem Stock hält der Lift, Besucher steigen ein oder aus. Bevor das Interview losgeht, bürste ich mir noch schnell meine vom Wind zerzausten Haare und trage Lipgloss auf.

„Oh, darf ich Ihr Lipgloss verwenden? Ich hab meins vergessen", sagt Teege. „Klar", ich strecke ihr die Tube hin.

JENNIFER TEEGE

Jennifer Teege wurde 1970 geboren. Sie ist die Enkelin des KZ-Kommandaten von Plaszów, Amon Göth. Ihre Großmutter war Ruth Irene Kalder, die Sekretärin des Fabrikanten Oskar Schindler. Schindler hat damals die Verbindung zwischen Amon Göth und Jennifer Teeges Großmutter hergestellt. Aus dieser Verbindung zwischen Göth und Kalder ist Monika Göth, die Mutter von Jennifer hervorgegangen. Jennifer ist ein Mädchen mit dunkler Hautfarbe, ihr Vater stammt aus Nigeria. Vier Wochen nach ihrer Geburt wird Teege von ihrer Mutter in ein Kinderheim gegeben. Sie kommt in eine Pflegefamilie und wird schließlich mit sieben Jahren von dieser Familie adoptiert. Es gibt nur noch losen Kontakt zur Mutter. Teege studiert in Israel, spricht Hebräisch, viele Holocaust-Überlebende zählen zu ihren Freunden. Dann, mit 38 Jahren, der Schock. In einer Bibliothek in Hamburg entdeckt sie durch Zufall ein Buch über ihre Mutter und ihren Großvater Amon Göth. Göth war verantwortlich für den Tod von tausenden Menschen. 1946 wurde er gehängt. Jennifer Teege entdeckt ein Familiengeheimis, das sie in eine tiefe Krise stürzt. Sie kämpft dagegen an, reist an alle Orte, die mit ihrer Vergangenheit zu tun haben. Und schafft so die Befreiung aus ihrer eigenen Familiengeschichte.

INTERVIEW MIT JENNIFER TEEGE

Frau Teege, mit 38 Jahren haben Sie durch Zufall erfahren, dass Amon Göth Ihr Großvater ist. Wie sehr hat Sie diese Zeit damals belastet?
Damals hat mich diese Zeit sehr belastet, ich würde mal sagen, sie hat mich auch sehr verändert. Es gab ein Davor und ein Danach. Jetzt sind zehn Jahre vergangen, es ist sozusagen integriert in mein Leben und auch in meine Identität. Es ist ein Teil von mir, aber ein Teil, der heute keine große Belastung im Alltag darstellt.

Sie haben sich sehr mit der Schuldfrage auseinandergesetzt. Denn Sie sagen selber, ich habe körperliche Ähnlichkeiten mit meinem Großvater. Die Größe, die Mundpartie. Wie haben Sie es geschafft zu sagen: Ich hab damit nichts zu tun?
In meiner Historie gibt es ja noch eine Besonderheit. Dadurch, dass ich so früh weggegeben worden bin, hatte ich wenige Vergleichsmöglichkeiten. Und plötzlich habe ich dann einen Menschen gehabt, in diesem Fall jetzt den biologischen Großvater, der mich dann auch noch so geängstigt hat. Anfangs war so ne Irritation da. So viele Gedanken, die heute verschwunden sind, weil sie aus einer Schocksituation heraus entstanden sind. Und das war der Moment im Spiegel. Als ich das Bild von ihm gesehen hatte und mein eigenes. Man sieht eben doch Ähnlichkeiten. Also hier in der Mundpartie beispielsweise. Und damals habe ich mich selbst gefragt: Wenn ich ihm ähnlich schaue, ob ich dann auch etwas von ihm in mir trage. Und dadurch, dass er ja so einen sadistischen Charakter hatte, war das ganz schwierig für mich. Diese Auseinandersetzung. Heute ist viel Zeit vergangen, und heute kann ich darüber nachdenken oder es in einer Art und Weise betrachten, die das alles in ein normales Licht rückt. Und natürlich gibt es Gemeinsamkeiten oder Ähnlichkeiten. Aber die haben nichts mit dem Charakter zu tun. Ich finde es ganz wichtig zu betonen, dass so äußere Gemeinsamkeiten eben nichts über einen Menschen aussagen.

Haben Sie sich jemals die Frage gestellt: Bin ich schuldig?
Ja. Und das ist ne Frage, die sich, glaube ich, viele Menschen stellen. Ich glaube, man muss unterscheiden. Also die Generation, die im Krieg war, die hat damit zu tun und die kann auch schuldig gemacht werden. Also wenn sie auf der Täterseite war. Die Generation, die nach dem Krieg geboren ist – und ich bin die dritte Generation –, und noch viel wichtiger, die vierte Generation, wo noch mehr Zeit vergangen ist –, die kann nicht schuldig sein. Weil sich auch Schuld nicht vererbt.

Kann man sagen: Schluss mit Schuld?
Ja, Schluss mit Schuld darf man auf jeden Fall sagen. Nicht Schluss mit Verantwortung. Denn es ist natürlich Teil unserer Geschichte – und in meinem persönlichen Fall ist es auch ein Teil der Familiengeschichte. Und da ist Verantwortung natürlich ein Riesen-Thema.

Sie hatten eine sehr enge Beziehung zu Ihrer Großmutter, der Frau von Amon Göth. In Ihrem Buch beschreiben Sie, wie zerrissen Sie waren, als Sie erfahren haben, was Ihre Großmutter alles zugelassen hat. Zu Ihnen war sie aber immer sehr liebevoll. Und Sie beschließen, diese Frau weiter zu lieben. Warum ist es okay, solche Gefühle zuzulassen?
Also das ist ein Gefühl aus der Kindheit. Ich bin weggegeben worden, da war ich noch ganz klein. Ich hab meine leibliche Familie das letzte Mal gesehen, da war ich sieben Jahre alt. Ich hab meine Großmutter – sie hat dann Selbstmord begangen, da war ich zwölf Jahre alt – nicht mehr gesehen. Und das erste Mal, als sie wieder in mein Leben trat, war durch das Buch oder die Biografie über meine Mutter. Da habe ich sie von einer anderen Seite kennengelernt. Eine dunkle Seite. Und das war so schwierig dann, diese zwei Seiten zusammenzubringen. Auf der einen Seite die Großmutter, die ich mochte als Kind. Und dann die Frau an der Seite von Amon Göth, die neben dem Konzentrationslager gelebt und die Augen verschlossen hat. Meine Großmutter ist aber auch stellvertretend für eine breite Masse an Menschen, die nach dem Krieg nicht belangt worden sind. Amon Göth ist ja hingerichtet worden, der ist ausgeliefert worden nach

Polen, dem ist dort der Prozess gemacht worden. Und meine Großmutter hat nach dem Krieg ein normales Leben geführt. Sie steht eben für diese Menschen, die das System unterstützt haben, die trotzdem nach dem Krieg nicht als Täter belangt worden sind. Das macht's nicht besser – also sie war Täterin –, aber sie repräsentiert eben eine große und breite Masse von Menschen.

Psychologen sagen, Tragödien wie der Holocaust reichen bis in die siebente Generation. Wie gehen denn Ihre beiden Söhne mit der Geschichte Ihrer Mutter und damit auch mit ihrer eigenen Geschichte um?
Meine Söhne sind da relativ unbefangen. Was für mich wichtig war, dass sie Bescheid wissen. Ich hab immer gesagt: Das Wissen an sich ist nicht das Schlimme, sondern das Verschweigen. Also die toxische Kraft, die so ein Geheimnis oder ein Familiengeheimnis entfalten kann, wenn es im Verborgenen wirkt. Weil es dann auf einer unterbewussten Ebene immer noch da ist. Und dann zu Dingen führen kann wie Depression oder zu Sucht oder auch andere Ventile findet. Insofern habe ich meinen Kindern Bescheid gesagt, ich wollte, dass sie das Wissen haben und dann auch einen eigenen Umgang damit finden können. Aber jetzt in meinem Fall, also in meinem speziellen Fall mit meinen Kindern, da ist auch ne viel größere Distanz da. Da ist es nicht der Großvater, sondern der Ur-Großvater, und es gibt auch nicht diese persönliche, emotionale Verbindung. In meinem Fall die Großmutter. Das fällt auch weg. Und für die vierte Generation glaube ich auch. Diese große Distanz, das ist wichtig. Auch zum Thema Verantwortung und Schuld. Also dass man sich damit beschäftigt, aber dass man nicht gehemmt ist durch das Gefühl, dass man sich schuldig fühlen müsste für etwas, was man nicht getan hat. Da kommt nämlich dann auch oft dieses Gefühl auf – diese Übersättigung – oder dieses: Ich möchte davon nichts mehr hören.

Man sagt zwar immer, wir sind nicht schuldig, wir tragen Verantwortung. Aber was bedeutet das denn konkret für die nächste Generation – wie kann sie diese Verantwortung leben?

Also ich glaube, es gibt immer unterschiedliche Arten von Verantwortung. Es hat oft gar nichts mit der Generation zu tun. Es gibt so ne ganz menschliche Verantwortung, sich um das Gegenüber zu kümmern und für das Gegenüber zu sorgen. Das ist so der Aspekt Menschlichkeit. Ich glaube, für uns ist es wichtig, dass wir die Vergangenheit nicht vergessen. Also das ist so diese Erinnerungskultur, das ist wichtig. Auch Respekt gegenüber den Opfern zu haben. Was aber noch wichtiger ist – und das ist vielleicht auch etwas, von dem ich glaube, dass wir noch Defizite haben –, ist ne Brücke zu schaffen zwischen der Vergangenheit, der Gegenwart und der Zukunft. Dass wir die Vergangenheit kennen, dass wir Bescheid wissen, aber dass wir auch lernen, dass die Vergangenheit Einfluss hat auf die Gegenwart. Und auch auf die Zukunft. Und diese Verbindung zu schaffen – das ist wichtig.

Wer ist da in der Pflicht, die Eltern, die Lehrer …
In der Schule, glaube ich, wird sehr viel gelehrt. Man kann nicht sagen, dass wir ein Informationsdefizit haben. In den Familien wird wohl auch darüber gesprochen, meistens eher so an der Oberfläche. Also in der eigenen Familie, was da passiert ist, da gibt's natürlich oftmals so ein Schweigen. Ich glaube, dass auch die Gesellschaft, wenn ich sehe, wie viele Dokumentationen es gibt, Fernsehberichte und so weiter, dass da eine Aufarbeitung stattfindet. Aber wenn ich jetzt zum Beispiel das Thema Flüchtlingspolitik nehme. Das hat ja vermeintlich nichts mit dem Holocaust zu tun. Aber es ist trotzdem etwas, wo wir verschiedene Elemente wiederfinden. Und ich sag mal so: Der Holocaust kann so eine Schablone sein für unsere aktuellen Probleme. Also Dinge wie: Asyl, Flucht, Vertreibung, Flüchtlingskrise, das Verhältnis von Minderheiten, Mehrheiten, Diffamierung des Islam … das sind alles Elemente, die auch mit dem Holocaust zu tun haben. Weil es oft Elemente sind, die alte Dinge sind in einem neuen Gewand, so könnte man es ausdrücken.

Sie halten viele Vorträge vor jungen Erwachsenen: Wie erklären Sie, was für die dritte oder für die vierte Generation wichtig ist?

Ich versuche ihnen zu vermitteln, dass der Holocaust nichts ist, was nur die Vergangenheit betrifft. Es hat Relevanz für die jetzige Zeit. Wir haben noch die Möglichkeit, mit Zeitzeugen zu sprechen, aber das wird in den nächsten Jahren leider nicht mehr möglich sein. Also muss man einen anderen Weg finden, einen anderen Zugang zu den Jungen finden. Und nur diese alten Fakten, historische Fakten zu vermitteln, das ist zu wenig. Wenn wir über die Jungen reden – was mir ein Anliegen ist –, wir leben in so unsicheren Zeiten. Gerade wo die Welt so ein Pulverfass ist oder man das Gefühl hat, dass die Welt so ein Pulverfass ist. Ich weiß nicht, ob es fünf vor zwölf ist oder ob es drei vor zwölf ist – aber ich weiß, dass es wichtig ist, etwas zu tun. Nicht um zu belehren, aber schon um den jungen Leuten verständlich zu machen, dass es wichtig ist, sich mit der Thematik oder den Themen des Holocaust intensiv zu beschäftigen. Weil wir tatsächlich wieder an einem Wendepunkt sind. Also an einem Wendepunkt der Gesellschaft hier in Europa, aber auch weltweit. Was ich sehr beunruhigend finde. Der Rechtspopulismus ist wieder gesellschaftsfähig geworden, und das nur so wenige Jahre nach dem Zweiten Weltkrieg. Das ist etwas, was wir bekämpfen sollten.

Aber wie? Wir können wählen gehen, aber das kann ja nicht das Einzige sein. Was bleibt den Jugendlichen sonst noch zu tun?
Wir sind ja in einem digitalen Zeitalter. Es gibt ganz viele Informationen, das heißt, man kann nicht sagen, dass man sich nicht informieren kann. Aber viele Informationen, gerade im Netz, die sind darauf angelegt, dass man kurz gefüttert wird. Ich finde wichtig, dass man versucht, Dingen auf den Grund zu gehen, dass man sich ausreichend informiert, vielleicht auch mal ne Tageszeitung liest. Solche Dinge. Dann, Non-Konformismus, dass man eine eigene Meinung entwickelt, dass man mal dagegen hält, auch wenn's ungemütlich wird. Dass man versucht, nicht immer mit der Masse zu schwimmen. Wenn ich heute so die Bewegungen anschaue – Ice Bucket Challenge, Je suis Charlie oder Me Too – es sind immer so große Hypes um etwas, und dann verblasst das wieder. Und dann kommt der nächste Hype. Nicht dass diese Themen nicht wichtig sind, aber dass man

eben für sich selbst individuell schaut, was ist für mich wichtig. Und sich eben informiert und dann versucht, etwas zu verändern. Dann das Thema Angst. Der Zukunftsforscher Matthias Horx hat mal gesagt, dass man einen Reifegrad einer Gesellschaft daran erkennt, wie sie mit Angst umgeht. Das Wichtige ist, dass man sich von der Angst nicht in eine falsche Richtung leiten lässt. Da sind natürlich auch die Medien dran beteiligt. In vielen Dingen ist die Welt heute nicht schlechter als früher. Zum Beispiel gibt es mehr Demokratien als früher, die Kindersterblichkeit ist geringer, oder der Analphabetismus geht zurück. Ich finde wichtig, dass man nicht immer in Panik verfällt bei den neuesten Schlagzeilen, sondern dass man versucht, Fakten zu checken und eine gesunde Skepsis zu entwickeln. Und bei der Holocaust-Erziehung finde ich wichtig, dass man nicht mit so nem Zeigefinger auf Dinge zeigt, also dieses Belehrende, das Moralisierende, das muss wegfallen. Man muss die Jugend dort abholen, wo sie wirklich ist. Und wir sprachen schon über Digitalisierung. Das ist eine Realität. Man muss es nur richtig nutzen. Grundsätzlich sollte das Ziel mehr Menschlichkeit sein. So schwierig ist dieses Ziel nicht, nur der Weg dorthin, das ist ein langer und manchmal auch ein sehr unkomfortabler.

Was soll von Ihrer Geschichte bleiben?

Also, es wird ja etwas bleiben, das Buch ist ja, die Geschichte ist erzählt, das war mir wichtig, dass ich das nicht mit ins Grab nehme. Ich habe viele Überlebende getroffen, ich hab auch jetzt noch Kontakt zu einigen Überlebenden. Ich war ja häufig in Israel, ich werde auch dieses Jahr wieder nach Israel fahren und meine Schäfchen besuchen. Und da sehe ich immer, wenn ich da bin, so eine große Freude in den Augen. Also, da sind ganz tolle, ganz warme Kontakte enstanden, dadurch dass ich so viele Jahre in Israel gelebt habe und auch die Sprache spreche. Ich habe eine andere Möglichkeit, mit Menschen zu kommunizieren. Und das ist schön. Also: Es ist einfach schön, durch das menschliche Sein, ohne viel dazuzutun, ohne mich verstellen zu müssen, einen Unterschied zu machen. Bei einigen. Auch gerade bei einigen Überlebenden.

Eine spezielle Frage habe ich mir für das Ende unseres Gesprächs aufgehoben. Es geht darum, eine Verbindung zu Aba Lewit herzustellen. Jenem Mann, der dafür verantwortlich war, dass Amon Göth, Jennifers Großvater, ausgeliefert und letztendlich in Krakau gehängt wurde. Als ich die Zusage von Jennifer Teege für das Interview bekommen habe, hab ich viel darüber nachgedacht. Kann ich diese zwei Personen zusammenbringen? Die Enkelin des Massenmörders und den Mann, der die Grausamkeiten dieses Massenmörders am eigenen Leib erlebt hat? Ich habe mich dagegen entschieden.

Was hätte es gebracht, die beiden direkt aufeinandertreffen zu lassen? Mir war bei der Vorstellung unwohl, ich habe dieses Kribbeln im Magenbereich gespürt. Ein Kribbeln, das ich immer habe, wenn sich mein Unterbewusstsein meldet. Wenn es mir sagt: Tu das nicht, das klingt auf den ersten Blick vielleicht interessant, aber auf den zweiten ist das Boulevardjournalismus.

Aber bevor ich die Idee endgültig entschwinden lasse, muss ich noch mit Lilly sprechen. Ich vertraue ihr nicht nur als Regisseurin, sondern auch als Mensch in solchen Sachen zu hundert Prozent. Auch Lilly ist gegen ein Treffen von Jennifer Teege und Aba Lewit.

Wir haben diese Idee dann auch nie mit einem der beiden besprochen, aber für mich war klar: Ein Aufeinandertreffen wäre für beide Seiten nicht angenehm gewesen. Ich entscheide mich für eine andere Variante.

Ich habe die Szene, in der Aba erzählt, wie er Amon Göth erkannt und ausgeliefert hat, auf mein Tablet gespielt. Vorsichtig ziehe ich es hervor und erkläre Jennifer Teege, dass ich mir lange überlegt habe, ob ich ihr diese Frage stellen darf. Sie schaut mich erwartungsvoll an.

Ich erkläre, dass ich ihr gerne einen Holocaust-Überlebenden vorspielen würde, der dafür verantwortlich ist, dass ihr Großvater ausgeliefert und gehängt wurde. Jennifer Teege antwortet ohne zu zögern:

„Ja, klar schaue ich mir das an. Es wäre aber nett, wenn Sie da nicht ganz so dicht an mein Gesicht ranzoomen würden."

Teege nimmt mein Tablet, stützt ihren Kopf mit der linken Hand ab und drückt auf Play. Aba beginnt zu erzählen. Jennifer Teege hört aufmerksam zu. Ich beobachte sie. Sie hat ein leichtes Lächeln im Gesicht, sie wirkt interessiert, aber ich erkenne keinerlei Reaktion. Da wird mir endgültig klar: Sie hat ihre Familiengeschichte überwunden. Wie so viele der Nachfahren von Nazi-Tätern. Es ist Teil der Geschichte geworden.

„Belastet es Sie, wenn Sie sich das jetzt anschauen?", will ich trotzdem von Jennifer Teege wissen.

„Warum soll es mich belasten? Ich bin froh, dass er ausgeliefert wurde. Ich find's hochinteressant, und ich sehe es auch heute eher von einer Warte so wie Sie als Journalistin. Also, es ist nicht mehr etwas, was mich so persönlich betrifft, sondern ich hab da so eine größere Distanz, und ich finde es hochinteressant."

Jennifer Teege reicht mir das Tablet und lächelt mich an.

Jennifer Teege während des Interviews in Wien. Sie sieht sich an, wie Aba Lewit (rechts unten) über ihren Großvater Amon Göth erzählt.

ELISABETH

SIEBENUNDZWANZIG

VORHÄNGE ZU, KEIN TAGESLICHT SOLL UNS STÖREN IN DEN KOMMENDEN ZEHN ARBEITSTAGEN.

So sitzen wir im Dunkel des Schnittraumes, in unserer Arbeitshöhle, umgeben von Monitoren, bewaffnet mit Tee, Kaffee und Obst. Und gleich mal bemerken wir: Die drei LGs sind am Werk! Lisa Gadenstätter, Lisa-Marie Gotsche und Lilly Gollackner. Die Stimmung ist ausgelassen, fast feierlich, und die Champagnerschokolade, die Lisa-Marie mitbringt, passt ausgezeichnet dazu.

Vor uns sitzen Aba, Esther und Jehuda und erzählen ihre Geschichten, vor uns geht Lisa durch Baracken, vor uns senkt sich die Dunkelheit über Jerusalem. Wir kennen jede Einstellung, fünf Monate Arbeit ziehen im Schnelldurchlauf an uns vorüber. Ich bin konzentriert und unter Strom, muss mich bewegen, um nachdenken zu können, und wie eine Generalin laufe ich im kleinen Zimmer auf und ab. Immer wieder bemerke ich, dass ich mich eigenartig verhalte, sehe aus wie die Karikatur eines verwirrten Professors, raufe mir die Haare, wackle mit dem Finger Richtung Fernseher, stehe stumm und denke nach. Ich muss Entscheidungen treffen, jede Minute eine neue, jeden Schnitt später abwägen, ob es wirklich die richtige Entscheidung war. Ich presse mein Hirn aus wie eine Zitrone, oder doch wie einen nassen Putzfetzen? Limonade wäre mir am Ende lieber als trübes Wasser.

Elisabeth Gollackner und Lisa Gadenstätter vor dem Schnittraum C im ORF-Zentrum. Es sind die letzten Schnitttage, bald ist die Dokumentation „Schluss mit Schuld" fertig.

„Niemand ist zurückgeblieben", sagt Jehuda.

„So schrecklich gefroren habe ich", sagt Esther.

„Ich werde Hitler überleben", sagt Aba.

Das Fernsehbild schafft Fokus, weg sind all die Dinge, die uns beim Führen des Interviews abgelenkt haben, das Bellen des Hundes draußen im Garten, das Achten auf Schatten im Gesicht, die Konzentration auf die nächsten Fragen. Zum ersten Mal haben Lisa und ich die Möglichkeit, uns zurückzulehnen und die Worte wirken zu lassen. Das, was wir geplant hatten – die Orte, von denen die Zeitzeugen erzählen, selbst zu besuchen und sie im Schnitt mit dem Erzählten zu verbinden –, gelingt, wie gut das funktioniert, sagen wir, und wie sehr es uns bedrückt. Esther spielt im Orchester, als die neu Ankommenden ins Gas geschickt werden, Lisa steht in der Gaskammer in Auschwitz, und Jehudas Vater verabschiedet sich von seinem Sohn, beide wissen sie, wohin er geht. Stückchen für Stückchen haben wir die Passage zusammengesetzt, jetzt ist es Zeit, sie als Ganzes anzuschauen. Wir kauern in unseren Drehstühlen, niemand sagt ein Wort, selbst als der Bildschirm schwarz wird, bleibt es still. Alle drei haben wir Tränen in den Augen. Kann das sein? Wir beginnen zu lachen, wischen die Feuchtigkeit mit den Handrücken weg, sowas ist uns auch noch nie passiert. Her mit der Schokolade!

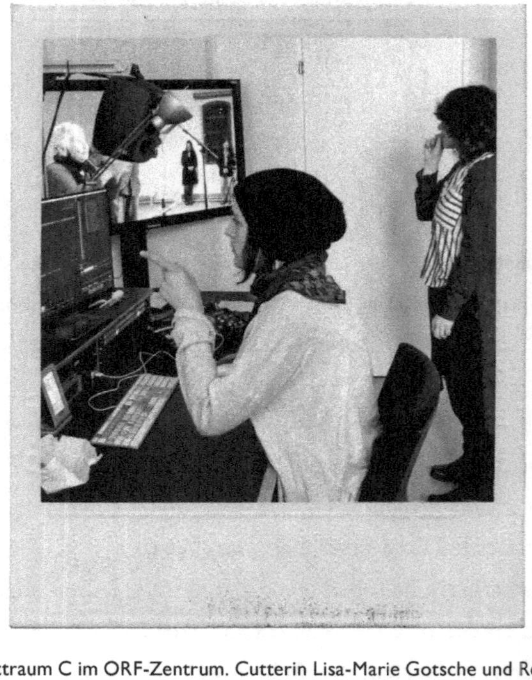

Im Schnittraum C im ORF-Zentrum. Cutterin Lisa-Marie Gotsche und Regisseurin Elisabeth Gollackner. Das Konzert von Esther Bejarano wird geschnitten.

Nach vier Tagen steht ein Besuch der Chefin an. Ein erstes gemeinsames Screening, ob wir auf dem richtigen Weg sind. Sie findet das, was sie sieht, gut, und macht uns Mut, den Jugendlichen noch mehr Raum zu geben und stattdessen Teile der Zeitzeugen-Interviews wegzulassen. Als sie den Vorschlag ausspricht, schaut sie in betretene Gesichter. Sowohl Lisa als auch mir ist nicht wohl bei dem Gedanken. Wir bemerken, wie nachhaltig beeindruckend diese Gespräche waren und wie sehr wir uns verantwortlich fühlen, sie weiterzugeben. Es fällt schwer, auch nur auf einzelne Sätze zu verzichten. Aber je länger wir diskutieren, desto klarer wird, dass die Chefin recht hat. Ihr Einwurf stellt die Weichen neu, und der Film wird immer besser.

Wir flechten die losen Fäden unserer Interviews zu einer Geschichte.

Wir holen sie mit Grafik und Musik in die Jetzt-Zeit.

Und wir finden einen Titel für unsere Dokumentation. Schon seit einigen Wochen wissen wir, wie unser Film heißen wird. Es ist keine Frage, sondern eine Antwort. Eine, die polarisieren und neugierig machen soll. Die Essenz dessen, was wir für uns gelernt und verstanden haben.

Schluss mit Schuld.

Auf der langen Liste mit Namen ist dieser Titel immer wieder aufgetaucht, ich habe ihn durchgestrichen und wieder hingeschrieben. Wieder durchgestrichen. Um ihn Tage später wieder hinzuschreiben. Die Frage nach der Schuld hat uns begleitet. Und wir haben erkannt: Jetzt, 80 Jahre später, wirkt sie wie ein Ablenkungsmanöver, ein rotes Tuch, und alle laufen wir auf dieses Tuch zu, umkreisen es, beginnen zu streiten und zu verteidigen, und wenn wir wutentbrannt zum Schluss kommen, nicht schuld sein zu können, und das rote Tuch zu Boden legen, dann ist es, als könnten wir das ganze Thema beiseitelegen. Doch es geht nicht um Schuld. Nicht mehr. Denn Schuld ist nicht vererbbar. Wir tragen keine Schuld, aber wir tragen Verantwortung.

Es ist in diesem Land passiert, auf diesen Straßen, es waren unsere Vorfahren, unsere Landsleute, die das getan haben. Wir tragen die Verantwortung dafür, unsere eigene Geschichte zu kennen. Und wir haben die große Chance, aus der Geschichte lernen zu können und nicht die gleichen Fehler machen zu müssen, weil wir es nicht besser wissen.

„Benutzt euren eigenen Kopf", sagt Aba Lewit. Hört nicht auf die Propaganda der Populisten. Fangt an zu denken.

Und Esther Bejarano sagt: „Ihr habt keine Schuld an dem, was damals geschah. Aber ihr macht euch schuldig, wenn ihr über diese Geschichte nichts wissen wollt. Ihr müsst alles wissen, damit so etwas nie wieder passieren kann."

Ruth Irene Kalder, die Geliebte von Amon Göth und Großmutter von Jennifer Teege, wurde in einem Interview kurz vor ihrem Tod gefragt, wie sie das zulassen hat können – in der Villa neben dem KZ zu leben, im Reichtum, mit Gurkenmasken und Pralinenschachteln neben all dem Leid und den Verbrechen. Wie sie das mitansehen hat können. Und sie sagte:

„Das waren ja nicht wirklich Menschen wie wir. Sie waren doch so verdreckt."

In dieser Antwort liegt der Schlüssel, diese Antwort gibt mir die Antwort auf die Frage, was der Holocaust heute noch mit mir zu tun hat:

Mitgefühl und Verständnis sind Fähigkeiten, die uns zu Menschen machen. Mehr noch, zu Mitmenschen. Sie nicht zu verlieren zwischen all den verschiedenen Sprachen, Hautfarben, Gerüchen und Gewohnheiten – das ist die Aufgabe, die diese komplexe Welt an uns stellt. Vor 80 Jahren ist es schiefgegangen. Horrend, monströs, unvorstellbar schiefgegangen. Lasst uns gemeinsam versuchen, es in Zukunft besser zu machen! Nehmen wir unsere Verantwortung wahr!

LISA

EPILOG

ICH SITZE NOCH IMMER WIE BENOMMEN DA.

So viele positive Reaktionen. So viele besondere Mails und Briefe. Ich kann es gar nicht fassen. Vor wenigen Minuten bin ich zu meinem Postfach hier im ORF gegangen. Ein großer weißer Umschlag lag drinnen. Ich öffnete ihn und fand diese wundervollen Briefe. Von Schülerinnen und Schülern, teilweise handgeschrieben. Die 13-Jährigen haben unsere Doku „Schluss mit Schuld“ im Unterricht gesehen, und die Lehrerin hat sie ermutigt, ihre Gefühle in Briefen an Aba, Esther und Jehuda zu verarbeiten. Mit der Bitte an mich, sie weiterzuleiten. Die Schülerinnen und Schüler haben ihre Gedanken niedergeschrieben, sie haben Zeichnungen verfasst und schreiben Aba, Esther und Jehuda, wie sehr sie die Offenheit, über diese Zeit zu sprechen, zu schätzen wissen.

Ich halte diese Briefe in Händen und bin zutiefst gerührt. Noch nie habe ich auf meine Arbeit derartige Reaktionen erhalten. Handgeschriebene Briefe, in denen die i-Punkte als Herzchen gemalt sind, aber auch so viele Mails, Nachrichten auf Facebook und

Twitter und von Menschen, die schreiben, dass sie noch nie zuvor an den ORF geschrieben haben, aber es jetzt tun wollen, weil sie so berührt von diesem Film sind. Das ist die schönste Bestätigung für unsere Arbeit. Dafür, dass diese Doku richtig war.

Ich schiebe die Briefe der Jugendlichen in Kuverts, jeder meiner Interview-Partner bekommt so ein Kuvert mit persönlichen Briefen. Aber bevor ich sie wegschicke, rufe ich die Zeitzeugen nochmals an. Ich will ihnen einerseits von den Reaktionen auf die Doku erzählen, andererseits will ich fragen, ob ich die Interviews und Gespräche, die ich mit ihnen geführt habe, auch in Buchform abdrucken darf. Die gesamten Interviews. Auch die Teile, die wir in der Doku nicht gesendet haben.

Mein erster Anruf geht nach Hamburg. Ich sehe Esther in ihrem Wohnzimmer sitzen, die kleine Frau in ihrem großen Sessel. Ich höre das Telefon läuten und sehe vor meinem geistigen Auge, wie Esther den großen, tragbaren Hörer nimmt, mit aller Kraft draufdrückt und sich das Teil zum Ohr hält.

„Hallo?"

Esther ist zu Hause.

„Hallo, Frau Bejarano, Lisa Gadenstätter vom österreichischen Fernsehen spricht. Ich war vor ein paar Wochen bei Ihnen und habe ein Interview mit Ihnen geführt. Haben Sie denn die DVD bekommen, die ich Ihnen geschickt habe?"

Esther denkt nach.

„Ich war die letzten Tage gar nicht in Hamburg. Ich hab meine Post noch gar nicht ausgepackt!"

Ich weiß, wo unsere DVD Platz finden wird. Esther hat alle ihre Auftritte gesammelt. Ich habe bei unserem Interview in Hamburg den CD/DVD-Ständer gesehen. An die Wand gelehnt, vollgefüllt mit Interviews, die Esther gegeben hat. Da drinnen wird jetzt auch unsere Doku als DVD stehen. Direkt neben den Zeitungsausschnitten, die in einem Teil des Kastens gesammelt werden. Und daneben, an der Wand, hängen Plakate von Esthers Auftritten.

Ich erzähle Esther von den vielen positiven Reaktionen, von den Schülerinnen und Schülern, von den Lehrern, die unsere DVD im Unterricht zeigen wollen. Esther ist gerührt. Genau das ist ihr Ziel. Ihre Geschichte soll wachrütteln, das wünscht sie sich. Sie erlaubt mir, unser gesamtes Gespräch für das Buch zu verwenden. Immer wieder hustet sie während unseres Telefonats in den Hörer.

„Wie geht es Ihnen, Frau Bejarano?", will ich wissen.

„Nicht so gut, ich habe seit Wochen so einen starken Husten. Aber ich kann mich ja nicht ausruhen. Ich muss ja immer wieder auf Tournee gehen."

„Das ist aber nicht gut. Sie sollten sich wirklich mal ein paar Tage Ruhe gönnen."

„Ich weiß", sagt Esther, „jetzt hab ich dann eh ein paar Tage frei, da kann ich mich erholen."

Ich wünsche ihr gute Besserung, bedanke mich einmal mehr dafür, dass sie mit uns gesprochen hat, und lege auf.

Wenige Tage später wird klar: Esther gibt keine Ruhe. Sie hat wieder ihre Stimme erhoben, diesmal gegen zwei deutsche Rapper, die mit antisemitischen Textzeilen für Riesen-Aufregung gesorgt haben.

„Mein Körper definierter als von Auschwitz-Insassen" – das ist eine Textzeile von Farid Bang und Kollegah, die für heftige Kritik von Überlebenden des Vernichtungslagers sorgt. „Ich halte diese Zeile für geschmacklos und verhöhnend", sagt Esther damals in deutschen Medien. Damit hat die 93-Jährige gemeinsam mit anderen Kritikern eine deutschlandweite Debatte ausgelöst. Nicht nur für Esther war eine Grenze überschritten. Die Rapper wurden später beim Echo, dem deutschen Musikpreis, ausgebuht, unzählige Musiker gaben ihre Auszeichnungen zurück, und schließlich wurde der Musikpreis komplett abgeschafft.

Eine Entschuldigung der Rapper für die Textzeile nimmt Esther an, aber die Einladung zur Aufnahme eines gemeinsamen Songs „als Zeichen der Versöhnung" schlägt sie aus.

Meinen zweiten Besuch kann ich persönlich absolvieren. Ich stehe vor Abas Haus und läute. Die Tür springt auf – Aba weiß, dass ich komme, ich habe zuvor mit ihm telefoniert. Er hat mich spontan auf einen Kaffee oder ein Wasser eingeladen. Eine Einladung, die ich gerne annehme. Jetzt sitze ich also wieder bei Aba im Wohnzimmer. Er hat sich in den letzten Monaten kaum verändert, freut sich, mich zu sehen. Ich will ihm helfen, die Mineralwasserflasche zu öffnen. Aber Aba lässt sich das nicht nehmen. Mit der Hand kann er die Flasche nicht mehr öffnen, das ist zu schwer für ihn, erklärt er mir, aber er hat ein tolles Gerät, das er mir zeigen möchte. Ein Öffner, mit dem man so ziemlich alles aufkriegt. Dosen, kleine Flaschen, große Flaschen. Einmal gedreht, und schon ist die Mineralwasserflasche geöffnet.

„Wie geht's Ihnen, Herr Lewit?"

„Ich bin zufrieden. Meine Beine tragen mich zwar nicht mehr so gut, aber ich bin trotzdem zufrieden. Jetzt hab ich halt noch Hautkrebs dazubekommen."

Aba deutet auf zwei Stellen in seinem Gesicht.

„Das tut mir leid", antworte ich betroffen.

„Ach", Aba winkt ab, „halb so wild, das wird rausgeschnitten, und alles ist wieder gut", scheint er mich beruhigen zu wollen.

Ich lächle und wünsche mir in dem Moment, es wäre alles so einfach. Man schneidet das Böse raus, und fertig.

Ich will von Aba wissen, ob er denn mit seiner Darstellung in der Doku zufrieden war, ob sie ihm „gefallen" hat.

Plötzlich steht Aba auf. Er geht ins Nebenzimmer, holt die DVD, die ich ihm geschickt habe.

„Das ist sie, oder?"

Er wedelt mit der DVD vor meinen Augen und setzt sich wieder hin. Die DVD liegt auf dem Couchtisch vor uns.

„Ich hab sie nicht gesehen", sagt Aba.

Er bemerkt meine Enttäuschung.

„Ich schaue mir gar nichts mehr an. Ich lese nichts mehr. Ich will das alles nicht mehr sehen."

Reden kann Aba über seine Erlebnisse während der NS-Zeit. Sich die Erzählungen im Fernsehen anschauen, das geht nicht mehr. Er braucht sich die Doku aber auch nicht anzusehen. Er kennt die Geschichte. Vor allem aber kennt er das für ihn wirklich Wichtige. Er kennt alle Reaktionen auf die Doku, ich habe ihm persönliche Mails, die an ihn gerichtet waren, ausgedruckt. Ich habe ihm die Briefe der Jugendlichen überreicht. Ich habe Nachrichten von Facebook und Twitter kopiert und ihm gezeigt. Das kann er lesen. Das Positive. Das Aufbauende. Das Schöne.

Es läutet an der Tür. Zwei Freunde von Aba stehen davor und wollen ihm einen Besuch abstatten. Ich verabschiede mich.

„Bis bald“, sagt Aba. „Einen Kaffee hab ich immer für Sie.“

Ein letzter Anruf bleibt mir noch. Es ist der Anruf bei Jehuda in Jerusalem. Auch Jehuda freut sich sehr über die schönen Reaktionen auf die Doku. Besonders erfreut ist er darüber, dass viele Lehrerinnen und Lehrer den Film ihren Schülern gezeigt haben oder zeigen wollen. Das ist ihm, wie allen Zeitzeugen, ganz besonders wichtig.

Ich freue mich, seine Stimme zu hören.

„Und sagen Sie Ihrer Kollegin liebe Grüße von mir! Ich freue mich sehr, dass ich Ihnen bei Ihrer Arbeit behilflich sein konnte! Möge Sie dieser Film bis nach Hollywood bringen!“, ruft Jehuda ins Telefon. Da ist er wieder, der berühmte Jehuda-Humor. Wir lachen beide und wünschen einander viel Glück.

„Todá (Danke) und Shalom“, versuche ich mich zur Verabschiedung auf Hebräisch.

„Auf ein Wiederhören!“, antwortet Jehuda erfreut.

Kurz darauf höre ich den Freizeichen-Ton. Das Gespräch wurde beendet. Aber die Stimmen der Zeitzeugen klingen für immer in meinem Gedächtnis nach.

DANKSAGUNG

WIR MÖCHTEN UNS HERZLICH BEDANKEN BEI

Lisa Totzauer, Lisa-Marie Gotsche, Joanna Sumyk, Martin Gerhartl, Flora Drapal, Tom Gerhartl, Daniel Hack, Christian Wesely, Thomas Hlawatschek, Bernhard Mühleder, Janusz Wlosiak, Matthias Euba, Edina Ortner, Silvia Heimader, Helga Felsberger, Yosi Leon, Dirk Stermann und Christoph Grissemann

Jennifer Teege, den Schülerinnen und Schülern, die uns ihre Gedanken mitgeteilt haben, den Verantwortlichen des Haus des Meeres, Benny Hörtnagl und Michael Schmid.

Danke für die wunderbare Teamarbeit!

Unser ganz besonderer Dank gilt den Zeitzeugen
Aba Lewit, Esther Bejarano und Jehuda Bacon.

Plötzlich war es nicht mehr Geschichte, es waren Geschichten. Danke für Ihr Vertrauen!

QUELLENNACHWEIS

1) Porträt Aba Lewit (S. 27) (ORF)

2) Porträt-Foto von Amon Göth, aufgenommen im August 1946. In polnischer Gefangenschaft, angeklagt als Kriegsverbrecher (S. 30) (Quelle: United States Holocaust Memorial Museum, Instytut Pamieci Narodowej)

3) SS-Lagerkommandant Amon Göth auf dem Balkon seiner Villa im Konzentrationslager Plaszow, 1943 (S. 31) (Quelle: United States Holocaust Memorial Museum)

4) Lisa Gadenstätter beim Dreh in der KZ-Gedenkstätte Mauthausen (S. 63) (ORF)

5) Tom Gerhartl beim Dreh mit einer Drohne in der Gedenkstätte Mauthausen (S. 71) (Lisa Gadenstätter)

6) Bernhard Mühleder, Pädagogische Abteilung der KZ-Gedenkstätte Mauthausen und Gusen (S. 74) (Lisa Gadenstätter)

7) Häftlinge beim Lagerappell, das Foto wurde von der SS aufgenommen, zwischen 1942 und 1944. (S. 81) (Quelle: KZ-Gedenkstätte Mauthausen/Sammlung Antonio Garcia, S4665)

8) Lisa Gadenstätter und Elisabeth Gollackner im windigen Jaffa, dem ältesten Stadtteil von Tel Aviv, im Jänner 2018 (S. 94) (Lisa Gadenstätter)

9) Porträt Jehuda Bacon (S. 99) (ORF)

10) Porträt Esther Bejarano (S. 122) (ORF)

11) Esther Bejarano, Kutlu Yurtseven (links) und Esthers Sohn Joram (rechts) während eines Konzertes der Microphone Mafia in Hamburg, im Februar 2018 (S. 124) (ORF)

12) Flora Drapal, Kamera-Assistentin, genießt eine kurze Drehpause im kalten Hamburg auf der Terrasse der Elbphilharmonie. (S. 135) (Lisa Gadenstätter)

13) Kameramann Martin Gerhartl und Regisseurin Elisabeth Gollackner beim Dreh in Auschwitz. (S. 152) (Lisa Gadenstätter)

14) Grafikerin Joanna Sumyk, sie entwirft die grafischen Elemente für die Dokumentation. (S. 160) (Joanna Sumyk)

15) Porträt Jennifer Teege (S. 169) (ORF)

16) Jennifer Teege während des Interviews in Wien. Sie sieht sich an, wie Aba Lewit (rechts unten, Quelle siehe S. 27) über ihren Großvater Amon Göth erzählt. (S. 177) (ORF)

17) Elisabeth Gollackner und Lisa Gadenstätter vor dem Schnittraum C im ORF-Zentrum. Es sind die letzten Schnitttage, bald ist die Dokumentation „Schluss mit Schuld“ fertig. (S. 179) (Lisa-Marie Gotsche)

18) Im Schnittraum C im ORF-Zentrum. Cutterin Lisa-Marie Gotsche und Regisseurin Elisabeth Gollackner. Das Konzert von Esther Bejarano wird geschnitten. (S. 180) (Lisa Gadenstätter)